UNIVERSITÉ DE FRANCE — ACADÉMIE DE PARIS

NOTION DES SACRIFICES

DANS

L'ANCIEN TESTAMENT

J'aime la piété et non les sacrifices,
Et la connaissance de Dieu plus que les holocaustes.
Osée, VI, 6.

THÈSE

PRÉSENTÉE A LA FACULTÉ DE THÉOLOGIE PROTESTANTE DE PARIS

Pour obtenir le grade de bachelier en théologie

et soutenue publiquement le lundi 29 novembre 1886, à quatre heures

PAR

Edouard SESTON

ALENÇON

IMPRIMERIE TYPOGRAPHIQUE F. GUY

11, RUE DE LA HALLE-AUX-TOILES, 11

1886

NOTION DES SACRIFICES

DANS

L'ANCIEN TESTAMENT

UNIVERSITÉ DE FRANCE — ACADÉMIE DE PARIS

NOTION DES SACRIFICES

DANS

L'ANCIEN TESTAMENT

J'aime la piété et non les sacrifices,
Et la connaissance de Dieu plus que les holocaustes.
Osée VI, 6.

THÈSE

PRÉSENTÉE A LA FACULTÉ DE THÉOLOGIE PROTESTANTE DE PARIS

Pour obtenir le grade de bachelier en théologie

et soutenue publiquement le lundi 29 novembre 1886, à quatre heures

PAR

Edouard SESTON

ALENÇON

IMPRIMERIE TYPOGRAPHIQUE F. GUY

11. RUE DE LA HALLE-AUX-TOILES, 11

1886

FACULTÉ DE THÉOLOGIE PROTESTANTE DE PARIS

Examinateurs de la soutenance :

M. Ph. Berger, Président de la soutenance.
MM. Ph. Berger,
Sabatier,
Jundt. } Examinateurs.

La Faculté n'entend ni approuver ni désapprouver les opinions
particulières du candidat.

Meis et Amicis

AVANT-PROPOS

Aborder un sujet aussi vaste et aussi important que
celui des sacrifices dans l'Ancien-Testament paraîtra assu-
rément téméraire de notre part. Nous dirons tout de
suite, pour nous excuser de l'avoir choisi, qu'il a été mis
au concours dans les termes mêmes sous lesquels nous le
reproduisons en tête de notre travail et que nous avons
dû l'accepter tel quel, dans sa forme un peu vague et indé-
terminée.

Notre champ d'études est vaste, nous en convenons
volontiers. Il touche à toutes les questions critiques, exé-
gétiques que soulève en nombre infini l'examen de
l'Ancien Testament, il les aborde toutes, il touche à
toutes. Le sacrifice, chez les Israélites, comme du reste,
chez tous les peuples de l'antiquité, tient une si large
place dans le culte, il fait tellement partie de la vie

intime de l'individu et de la nation tout entière, qu'il est bien difficile de l'en distraire. Nous pouvons dire, sans crainte d'être démenti, que l'acte d'offrir à la divinité soit des animaux, soit des végétaux, est le pivot autour duquel tourne le culte tout entier. Il faudrait donc une autre compétence que la nôtre pour résoudre toutes les questions auxquelles se rattache la notion de sacrifice ; il faudrait aussi plus de temps et d'espace que nous n'en dispensons.

Mais, en revanche, le sujet est intéressant. Nous l'avons abordé, nous pouvons le dire, avec une certaine méfiance ; mais à mesure que nous avons marché, nous y avons pris un intérêt de plus en plus grand, précisément à cause des problèmes qu'il soulève. Il nous a permis de refaire, en nous appuyant, bien entendu, sur les autorités compétentes, la plus grande partie de la critique de l'Ancien Testament : l'époque probable à laquelle tel livre a vu le jour, l'auteur, l'influence qu'il a exercée, etc., autant de questions du plus haut intérêt, mais dont nous nous garderons bien de reproduire la discussion dans notre travail : cela nous mènerait trop loin. Aussi bien, il y aura là un motif d'excuse pour l'exiguïté de notre étude, qui, vu son importance, mériterait plus de développement que nous ne lui en donnons.

Pour restreindre notre sujet autant que possible, nous avons dû laisser de côté quelques pratiques juives qui auraient pu trouver ici leur place. C'est ainsi que nous ne parlons pas des purifications lévitiques, des vœux, etc., qui sont, à tout prendre, des sacrifices, des offrandes de victimes humaines, reste de paganisme dont il répugne de parler et qui sont, la plupart du temps, les suites d'un vœu formé dans un danger pressant, comme pour la fille de Jephté. Il nous a semblé que le fardeau était assez lourd sans cela pour nos faibles épaules.

Quand à notre façon d'envisager le problème, nous devons dire que nous acceptons pleinement les résultats de la critique moderne, surtout pour ce qui touche à l'âge des livres et à l'époque où les lois du Peutateuque ont reçu leur forme définitive. Nous croyons avec elle que ces lois ne sont pas, à proprement parler, l'œuvre de Moïse. Le grand libérateur du peuple hébreu peut en avoir posé les bases, mais elles n'ont été promulguées que par Esdras ; en d'autres termes, elles peuvent avoir existé à l'état de tradition avant l'exil, mais ce n'est qu'à cette époque qu'elles ont été codifiées et mises dans l'ordre où elle nous sont parvenues. Nous nous appuyons, pour affirmer cela, sur des autorités comme MM. Reuss, Kuenen, Wellhausen, etc. C'est donc surtout sur cette époque de l'histoire israélite que nos efforts doivent porter ; nous essaierons de rendre compte des circonstances au milieu desquelles les lois cérémonielles ont pris naissance. De cette façon, leur élément principal, le sacrifice, se détachera plus nettement avec l'idée qu'il renferme.

INTRODUCTION

GÉNÉRALITÉS

La notion de sacrifice est à la base de toutes les religions primitives; pour quelques-unes d'entre elles, le culte tout entier se résume dans des offrandes faites à la divinité. Il est naturel qu'il en soit ainsi. En présence de cette puissance supérieure qu'il ne s'explique pas, mais qu'il pressent, l'homme primitif sent son impuissance et sa faiblesse. Chaque transgression qu'il commet le met en présence de la divinité; il craint de l'avoir offensée et un vague sentiment de crainte s'empare de son âme. D'autres fois (et c'est ce qui arrive dans la haute antiquité), ce sont les bonnes grâces de la divinité que l'homme cherche à s'attirer par ses offrandes; c'est aussi la reconnaissance qui peut le pousser à faire des sacrifices.

C'est dans la façon dont chaque peuple a compris ses devoirs envers la divinité qu'est renfermée l'idée qu'il s'est faite de Dieu. Tel culte, tel Dieu. On peut dire, d'une manière générale, que les religions de l'antiquité ont assez de ressemblance sous ce rapport. Elles commencent toutes par offrir des sacrifices non sanglants; ce n'est que plus tard qu'on songe à prendre une vie à la place d'une autre et que l'on en arrive parfois à offrir des victimes humaines. Les premiers Hindous, est-il dit dans les Védas, offrirent à l'occasion de l'incarnation de Brahma des sacrifices aussi purs que leurs cœurs : des fruits, du lait, jamais de victimes sanglantes. Celles-ci ne firent leur apparition qu'avec Siva, la seconde incarnation, à la suite des orgies qui l'accompagnèrent. Il en fut de même des anciens Grecs; ils offraient à leurs dieux de simples plantes arrachées à la terre, auxquelles ils ajoutaient de l'encens. Ce ne fut qu'après bien des hésitations qu'ils se résolurent à sacrifier leurs animaux domestiques, si respectés jusqu'alors, qu'une loi ne permettait de les tuer que lorsqu'ils devaient servir à la nourriture des hommes.

Ce que nous disons des Hindous et des Grecs, nous pourrions le dire pareillement des Perses, des Scandinaves, des Latins, etc., qui, pendant bien longtemps, ne firent que des offrandes inanimées, ne présentèrent à la divinité que ce que, dans leur simplicité, ils jugèrent digne d'elle et que ce n'est que dans une autre période de l'histoire primitive que les sacrifices sanglants apparaissent. Ce que nous voulons seulement constater, c'est que l'origine des sacrifices n'est pas en Dieu, comme on l'a prétendu quelquefois, mais bien dans l'homme, qui subordonne ses offrandes à la façon dont il comprend la divinité.

Au fond, qu'on place devant la divinité des fruits, du lait, des produits naturels de la terre, ou qu'on immole en sa présence des animaux et même des hommes, l'idée qu'on s'en fait ne varie pas beaucoup : tout cela est le résultat d'un anthropomorphisme exagéré, poussé à l'extrême, que nous ne pouvons comprendre, étant données les mœurs actuelles, mais explicable si l'on se reporte à l'époque où il était pratiqué. Il est assez naturel que l'homme primitif, ne pouvant concevoir la divinité dépouillée de toute forme matérielle, autrement que comme un être sentant et éprouvant de la même manière que les simples mortels, prompte à la colère, et ne ménageant pas ses subordonnés lorsqu'ils lui désobéissent, s'empressât de se concilier ses bonnes grâces, prévînt ses moindres désirs, persuadé que plus il donnerait, plus il serait récompensé, que Dieu l'exaucerait d'après la valeur du sacrifice.

Mais ce qu'il faut noter ici, c'est qu'il y a des degrés dans cet anthropomorphisme. Tant que l'homme n'offre que des choses inanimées, des fruits, du blé, etc., il ne cherche qu'à être prévenant envers Dieu, il se montre gracieux envers lui, afin que, un malheur quelconque arrivant, ses rapports avec la divinité soient assez bons pour qu'il ait l'espoir d'être épargné. En d'autres termes, les premiers hommes, dans le culte qu'ils rendent à Dieu, n'ont pas la prétention d'expier une faute quelconque. Mais il n'en est pas de même lorsqu'on immole des victimes et qu'on en répand le sang ; alors, c'est une vie qu'on offre, c'est-à-dire ce qu'il y a de plus cher. On se sent coupable, on a le sentiment d'avoir offensé profondément la divinité ; il faut expier la faute par un sacrifice qui coûte quelque chose. L'idée de Dieu ne varie pas beaucoup, il est bien toujours fait semblable à l'homme ; mais le sentiment du péché, de la transgression des ordres divins occupe une plus grande place dans l'esprit de l'homme.

Ainsi, l'idée d'expiation est absente dans les offrandes inanimées. Mais est-ce à dire qu'elle apparaisse tout d'un coup, subitement, avec le premier sacrifice sanglant? Autrement dit, le fait de répandre le sang en l'honneur de la divinité est-il un critère absolument certain de son caractère expiatoire? Nous ne le pensons pas; autrement les premiers sacrifices des Hébreux auraient eu pour but d'expier des fautes commises et nous espérons montrer que ce n'est pas dans cet esprit qu'ils ont été offerts.

Nous divisons notre étude en deux parties :

1° Exposé des faits, d'après le Lévitique ;

2° Étude de l'évolution de l'idée de sacrifice dans l'Ancien Testament.

Nous aurions, certes, bien pu accepter un autre plan, par exemple envisager les sacrifices au point de vue des objets sacrifiés, des cérémonies, des sentiments qui inspirent les diverses offrandes; mais il nous a semblé que cette façon de procéder prête à la répétition. Il nous a paru plus simple de décrire les cérémonies que comporte chaque espèce de sacrifices, les objets, les règles à suivre, etc., ainsi que cela est indiqué dans les premiers chapitres du Lévitique, et, cela fait, de marquer autant que possible, pour chaque âge de l'Ancien Testament, l'évolution qu'a subie la notion de sacrifice. Cette évolution est tellement évidente, elle est si étroitement liée à la vie intime du peuple hébreu, et en même temps elle est si légitime, qu'il est du plus haut intérêt d'en déterminer le caractère. Y réussirons-nous? Ce serait trop présumer de nos faibles forces que d'avoir la prétention de faire un travail complet sur la question, si vaste et si ardue, que nous allons aborder. Nos prétentions sont plus modestes. Nous nous bornerons à consigner les réflexions que nous a suggérées la lecture des livres de l'Ancien Testament et des auteurs qui traitent du sujet, en donnant l'opinion qui nous paraît la plus vraisemblable et les arguments qui nous la font adopter.

Encore un mot pour réparer un oubli. Nous avons dit que nous laisserions de côté les vœux, le naziréat, les purifications lévitiques, qu'on pourrait, à la rigueur, ranger dans la catégorie des sacrifices. Sans compter que notre sujet est bien assez vaste comme cela, nous avons une autre raison de ne pas en parler. C'est qu'il nous semble qu'il n'y a vraiment sacrifice (dans le sens hébreu, bien entendu) que là où il y a offrande palpable, matérielle, consacrée à Dieu. L'Israélite ne pouvait rien offrir qui ne lui eût coûté quelque chose; c'est l'idée fondamentale des sacrifices. Sa personne ne pouvait ainsi être un sacrifice dans la véritable acception du mot.

Nous ne faisons ici qu'énoncer cette idée, nous aurons plusieurs fois, dans le cours de notre travail, l'occasion d'y revenir et de la développer.

PREMIÈRE PARTIE

LES FAITS

—

CHAPITRE I.

SACRIFICES SANGLANTS

---

§ 1. — *Holocauste*

Il y a en hébreu deux mots pour désigner ce genre de sacrifices : 1° *ôlah*, qui signifie proprement *échelle*, par suite, *ce qui monte*, soit à cause de la fumée qui s'échappait du sacrifice et s'élevait vers le ciel, soit parce que la victime montait tout entière sur l'autel ; 2° *Kâlil*, expression poétique qui se traduit par *entier*. Ce qui caractérise ce sacrifice, c'est que la victime est entièrement consumée.

L'holocauste se composait de deux parties bien distinctes : une partie animale et une partie végétale. Nous laissons pour le moment celle-ci de côté. Pour la pre-

2

mière, vu l'importance du sacrifice, il fallait toujours une
victime mâle. Elle était amenée par celui qui l'offrait à
l'entrée de la tente d'assignation, et là avait lieu la cérémonie de l'imposition des mains (Lévit. I, 5). L'Israélite
qui offrait le sacrifice appuyait fortement la main sur la
tête de la victime, et, quoique les données nous manquent
là-dessus, il est très-probable qu'en même temps il con-
fessait dans quel but il avait amené une victime à l'autel.
Œhler n'est pas éloigné de croire, sans l'affirmer pourtant, qu'il existait des formules liturgiques pour ces sortes
de cérémonies.

Sur la signification de l'imposition des mains, plusieurs
théories sont en présence. Knobel pense qu'on renonçait
par là à la possession de l'animal en faveur de l'Eternel.
Œhler y voit une substitution de la victime au pécheur
qui, non seulement se déchargeait de ses péchés sur l'animal, mais le rendait par là apte à le représenter auprès
de Dieu. Pour nous, nous croyons qu'il n'y a dans tout
cela qu'une simple consécration à Jahveh : l'offrant prie
l'Eternel d'accepter ce don comme un faible dédommage-
ment des transgressions dont il s'est rendu coupable. Ce
qu'on peut affirmer avec assurance, c'est que l'imposition
des mains était regardée comme l'acte principal parmi tous
ceux qui accompagnaient l'holocauste ; c'est dire qu'elle
avait une importance très grande et qu'on devait y apporter un soin tout particulier.

La victime était ensuite immolée (*shachat*) (1). Il semble, d'après le passage Lévit. I, 5, que c'est l'Israélite

(1) Au nord de l'autel. C'est la seule fois que l'endroit de l'immolation est mentionné. Il devait être sans doute le même pour tous les sacrifices. Ewald voit dans cette importance donnée au côté nord, un
reste de l'antique superstition d'après laquelle la divinité demeurait

et non le prêtre, qui doit accomplir cet acte. Ce rôle n'é-
tait attribué au prêtre que dans les grands jours de purifications nationales, le jour des expiations, etc. Il est assez naturel qu'en ces jours-là le prêtre, représentant la
communauté, procédât au nom de tous à l'égorgement
des victimes. Sauf ces cas-là, c'est celui qui offre le sacrifice qui doit immoler l'animal (1). L'Ancien Testament
ne parle pas de la façon dont on lui donnait la mort,
mais il est probable que cela se faisait de manière à ce
que le sang pût s'échapper rapidement et dans sa totalité.
La chose importante pour l'Israélite étant d'avoir du sang
afin de faire par lui expiation, on comprend que la cérémonie de l'égorgement ne jouât qu'un rôle assez effacé
parmi les actes rituels qui accompagnaient l'holocauste.

Le sang était recueilli par le prêtre dans un vase disposé à cet usage et répandu tout autour de l'autel. C'est
par cette aspersion que se faisait l'expiation. Si, après
avoir fait le tour de l'autel, il restait encore du sang dans
le vase, le prêtre le répandait dans un canal qui débou-
chait dans la vallée du Cédron.

Ensuite avait lieu le dépeçage de la bête. On lui enle-
vait la peau, qui revenait de droit au prêtre, on la coupait
par morceaux, on plaçait le tout sur l'autel, et, après
avoir lavé les intestins qu'on joignait à tout le reste, on
enflammait le bois disposé sur l'autel, et le sacrifice se
consumait. C'était, ajoute l'Écriture, un holocauste, un

vers le nord ou l'est, en sorte que c'était de là qu'elle venait quand
elle se manifestait aux hommes. Pour Tholuck, le côté du nord a été
choisi parce que c'est le côté sombre, et qu'il est privé des joyeux
rayons du soleil.

(1) Seuls, les pigeons et les tourterelles étaient mis à mort par le
prêtre.

sacrifice consumé par le feu, d'une agréable odeur à l'Eternel.

Choix des victimes. — Les animaux purs seuls peuvent servir aux sacrifices. Cette règle ne souffre pas d'exception, elle est la même pour tous les genres de sacrifices. Etaient rangés dans la catégorie des purs, tous les animaux qui ont l'ongle divisé, le pied fourchu et qui ruminent. Les oiseaux de proie sont en général exclus, ainsi que la chauve-souris. Parmi les poissons, on ne tolérait que ceux qui ont des nageoires et des écailles. C'est qu'Israël est un peuple saint, et tout, jusqu'à sa nourriture, doit porter le cachet de cette sainteté. Il ne peut manger du sang, car le sang c'est la vie, c'est-à-dire le don le plus précieux que Dieu ait fait à l'homme : l'en priver est une chose abominable, c'est offenser Dieu dont on détruit l'œuvre. Il ne peut non plus accepter comme nourriture les animaux qui mangent des choses impures, qui fouillent les cadavres, etc., car cette impureté se communique (1).

On faisait encore une distinction parmi les animaux purs : il fallait qu'ils fussent absolument sans défauts (*tamim*). Tout animal privé d'un de ses membres ou souffrant d'une difformité quelconque était regardé comme indigne de figurer sur l'autel de Jahveh. Les produits de la chasse étaient aussi exclus, sans doute parce

(1) Un grand nombre d'explications ont été données sur l'origine de la distinction entre animaux purs et impurs. On a parlé de dualisme : on a dit que la Bible reconnaît deux empires dans le monde. Autre opinion : il est défendu de manger de la chair qui peut engendrer des maladies. — L'opinion que nous avons émise, tirée de la sainteté de Jahveh et, par suite, d'Israël, nous semble préférable ; elle est plus conforme aux mœurs et aux habitudes des Hébreux.

qu'ils avaient trop peu coûté et qu'en les offrant, on ne s'imposait pas une privation bien grande.

L'holocauste pouvait se composer indifféremment de gros ou de menu bétail, ou même d'oiseaux. Pour les deux premières catégories d'animaux, le rite était identique à celui que nous avons décrit précédemment ; il fallait, dans tous les cas, que la victime fût un mâle sans défaut. L'holocauste d'oiseaux était institué en vue des Israélites pauvres qui n'avaient pas les moyens de se procurer un taureau ou un agneau (Lévit. V, 7.) Il se composait de tourterelles ou de jeunes pigeons, seuls oiseaux domestiques connu des Hébreux (1). Ici, c'était le prêtre qui égorgeait les victimes ; il leur ouvrait la tête avec l'ongle pour faciliter l'écoulement du sang, qu'il répandait ensuite contre un des côtés de l'autel des holocaustes (2). Le gésier et les plumes de l'oiseau étaient enlevés et mis de côté ; le prêtre déchirait les ailes sans les détacher, et l'holocauste, ainsi préparé, était disposé sur le bois de l'autel et brûlé. Après tout, le dépeçage d'un oiseau était identique à celui des autres animaux employés pour le sacrifice.

Quant à l'âge des victimes, sans avoir d'indications absolument précises, on peut dire, d'une manière générale, que le minimun était huit jours (Lév. XXII, 27), et le maximum trois ans. L'animal trop jeune était considéré comme impur ; c'est à trois ans qu'il avait atteint son plein développement. Cette prescription s'applique surtout aux taureaux ; pour les veaux (*Eguel*), les brebis

---

(1) Par contre, ils étaient si nombreux en Palestine, qu'il était très facile de s'en procurer.

(2) La quantité de sang n'est pas assez grande pour qu'on pût en répandre tout autour de l'autel.

(*Kaveça*), les chèvres, etc., l'âge requis est une année (Lév. IX, 3 — XIV, 10 — XII 6 — Nomb. XV, 2). En résumé, il semble que les oiseaux devaient avoir au moins huit jours, les jeunes représentants de l'espèce bovine (*shor*), ou les agneaux, ou les boucs, au moins un an : pour aucun d'eux, on ne pouvait dépasser trois ans.

Loi de l'holocauste (Lévit. VI, 2-7). Il doit rester sur l'autel toute la nuit, jusqu'au matin. Alors, le prêtre s'étant revêtu d'une robe de lin, prend la cendre en laquelle le feu a réduit l'holocauste, et la dépose à côté de l'autel, dans un endroit réservé à cet usage. Il revêt ensuite d'autres vêtements, vient reprendre la cendre, et la porte dans un lieu pur. Un feu perpétuel doit être entretenu sur l'autel des holocaustes. Chaque matin et chaque soir, un agneau d'un an était immolé, au nom de de tout le peuple ; c'était le sacrifice perpétuel, la prière que le peuple d'Israël adressait à son Dieu au lever et au coucher du soleil, pour témoigner qu'il lui était toujours fidèle et que chaque journée lui était consacrée. A ce point de vue, l'holocauste était vraiment le sacrifice par excellence des Hébreux.

§ 2. — *Sacrifice de prospérité ou de paix*

Les mots hébreux employés pour ces sortes de sacrifices, sont *zebach shelamim*. — Le premier vient d'un radical *zabach*, qui signifie *tuer*, *immoler*, et désigne soit l'acte de sacrifier, soit la victime immolée. Il est opposé tantôt à *minechah*, *offrande*, tantôt à *ôlah*, *holocauste*, de sorte qu'on peut dire que *zebach* désigne les sacrifices brûlés en partie seulement, ou sacrifices d'actions de grâces. Pour le second mot, *shelamim*, on est assez

généralement d'accord pour le tirer du pihel de *shalâm ;*
quelques hébraïsants le font venir du kal du même verbe.
Dans ce dernier cas, comme *shalâm* signifie *être entier,*
intègre, celui qui offre ce sacrifice témoignerait par là
qu'il est en bons rapports avec Dieu (1). Dans la première acception, *shillem,* pihel de *shalâm,* ayant le sens
de *restituer, rémunérer,* il s'agirait d'un sacrifice d'actions
de grâces, que les Israélites faisaient à Jahveh pour le
remercier d'un bienfait accordé, ou même pour le prier
d'en accorder un autre après lequel tous soupiraient, par
exemple le gain d'une bataille. Œhler se rattache à cette
opinion (2), et voici ce qu'il dit à ce sujet : « Le pihel
shillem est l'expression consacrée pour dire que l'on a
offert des sacrifices de prospérité ou des sacrifices volontaires (Deut. XXIII, 22), ou encore des sacrifices de
louanges. Cependant, il ne faut pas laisser complétement
de côté la notion de sacrifices de paix ; pour nous résumer,
disons que le sacrifice de prospérité suppose entre celui
qui l'offre et l'Éternel de bons rapports, une relation nor-
male, en sorte que l'on peut rendre grâces à Dieu des
bienfaits qu'on a déjà reçus et qu'on ne manquera pas de
recevoir bientôt de lui (3) ».

On distingue ordinairement trois sortes de sacrifices
de prospérité :

1° *Les sacrifices de louanges.* Ils avaient lieu à la suite
d'un bienfait immérité, inattendu, accordé par Jahveh.
C'est pour ce motif qu'ils précédaient les autres.

(1) C'est ainsi que traduisent les Septante et la Vulgate.

(2) Ainsi que Reuss, Kuenen, Hengstenberg, etc., et la grande majo-
rité des critiques de l'Ancien Testament.

(3) Œhler, *Théologie biblique,* traduct. De Rougemont, t. II, p. 44-
45.

2° *Les sacrifices votifs*, au contraire, venaient à la suite de quelque délivrance, ou bien au moment où l'on faisait un vœu.

3. *Les sacrifices volontaires.* C'étaient des dons offerts spontanément à Jahveh par quelque Israélite qui se sentait tout à coup rempli de reconnaissance pour son Dieu. Par le fait qu'ils étaient volontaires, ces sacrifices n'étaient pas réglés aussi rigoureusement par la loi que les autres sacrifices ; on allait jusqu'à permettre d'offrir des animaux ayant quelque défaut.

Voici maintenant quel était le rituel des sacrifices de prospérité. Les cérémonies préparatoires, jusques et y compris l'aspersion du sang, sont identiques à celles de l'holocauste. Œhler fait seulement observer que la victime n'était pas égorgée au nord de l'autel comme dans l'holocauste. Mais ce n'est pas absolument prouvé. L'expression « à l'entrée de la tente d'assignation », se rencontre dans les deux cas, et, si l'endroit précis, c'est-à-dire le nord de l'autel, ne se trouve mentionné qu'une fois, c'est tout à fait accidentellement, et nous croyons avec M. Reuss que tous les animaux qui devaient servir aux sacrifices étaient immolés à la même place, à l'entrée de la tente d'assignation, au nord de l'autel.

Après l'aspersion du sang, on procédait autrement que pour les holocaustes. On ne brûlait de la victime que la graisse qui recouvre les entrailles, les deux rognons et la graisse qui les entoure, le grand lobe du foie, et la queue de l'agneau, si l'on offrait un animal de cette espèce (1). Tout cela était brûlé sur l'autel, par dessus l'holocauste.

(1) Il existe en Orient une espèce de moutons ayant la queue très grosse et très grasse. C'est pour cela qu'on la brûlait avec les autres portions sacrifiées.

On le voit, il n'y avait pour ainsi dire que la graisse, la meilleure partie de l'animal, d'après les Hébreux, qui fût brûlée. Quand le sacrifice était offert par un particulier (1), celui-ci devait remettre au prêtre la poitrine et l'épaule droite de l'animal, et c'est alors qu'avaient lieu les cérémonies de l'élévation et de l'agitation.

Ces deux cérémonies sont exposées dans Ex. XXIX, 24 et dans Lévit. VIII, 27 et suiv., lors de la consécration d'Aaron et de ses fils. Sur les mains étendues de l'Israélite, le prêtre place la partie des victimes qui a été réservée ; il imprime aux deux bras un mouvement de va et vient, accompagné de gestes à gauche et à droite, de sorte que l'offrande se trouvait avoir été dirigée vers les quatre points cardinaux. Œhler donne de cette cérémonie l'explication suivante : par le mouvement en avant, la victime était présentée à l'Éternel, qui indiquait par le mouvement rétroactif, qu'il était satisfait et qu'il abandonnait l'offrande au prêtre, son représentant auprès du peuple. Mais alors, que penser de l'agitation à droite et à gauche ? On a dit que c'était le signe de la toute présence de Dieu. On ne peut, à la vérité, donner une explication bien satisfaisante de cette cérémonie.

L'autre, celle de l'élévation, se comprend plus facilement. Voici d'abord comment elle se faisait. La victime, ou plutôt la poitrine et l'épaule droite, placées sur les mains de l'Israélite, étaient élevées vers le ciel, puis abaissées vers la terre, le tout combiné avec un mouvement horizontal. On offrait ainsi à Jahveh, pour sa nour-

____

(1) Il n'y a qu'un seul exemple de sacrifice de prospérité faisant partie du culte public ; c'est l'agneau de la fête des prémices (Lévit. XXIII, 18). En général, ces sacrifices étaient offerts par des individus, cela ressort, du reste, de leur caractère et de l'idée qu'on y attachait.

riture, une partie de la victime, et une fois qu'il l'avait acceptée, le prêtre seul avait le droit de la manger. La traduction de M. Reuss est d'une clarté parfaite là-dessus ; en la suivant, l'explication de la cérémonie est facile : « Ce sera une offrande prélevée, de la part des enfants d'Israël, de leurs sacrifices d'actions de grâces, qu'ils offriront à l'Éternel (1). »

Ce qui restait de l'animal, une fois la graisse, la poitrine et l'épaule droite enlevées, revenait de droit à l'Israélite qui avait offert le sacrifice et servait à un repas de famille, que l'on prenait en l'honneur de Jahveh.

Loi du sacrifice de prospérité. On peut offrir indistinctement des mâles et des femelles, à la condition que les uns et les autres soient sans défaut. Le sacrifice de reconnaissance devait être accompagné de gâteaux sans levain pétris à l'huile, avec du pain levé qui n'était pas placé sur l'autel, mais qui était là probablement en vue du repas qui suivait le sacrifice. Tout devait être mangé le jour même par des Israélites exempts de toute souillure. Pour les deux autres variétés de sacrifices de prospérité, la loi accorde un jour de plus pour consommer la chair du sacrifice, mais s'il en reste quelque chose le troisième jour, il est interdit d'y toucher, car, dit le texte (Lévit. VII, 19), celui qui en mangera restera chargé de sa faute. On comprend qu'il fût défendu de manger de la chair de l'animal sacrifié, après le second jour, à cause de la décomposition, qui en Orient, envahit si rapidement les

____

(1) Exode XXIX, 28. M. Reuss ajoute dans une note, qu'on peut prendre le mot dans les deux sens d'enlèvement et de prélèvement. Qu'est-ce à dire, sinon qu'une partie de la victime était prélevée sur ce qui devait être mangé par le peuple, et offerte à Dieu par la cérémonie de l'élévation ?

choses ; mais pourquoi n'accorder qu'un jour pour la consommation du sacrifice de reconnaissance et deux jours pour les autres ? On ne peut, ce semble, expliquer ce fait que par le degré de solennité qu'on attachait aux sacrifices : à ce point de vue, la cérémonie du sacrifice de reconnaissance, qu'on assimilait ainsi à celle de la Pâque, étaient rendue plus solennelle (1).

En résumé, le sacrifice de prospérité était un témoignage des bons rapports que Jahveh entretenait avec son peuple. C'était pour ce dernier une occasion de réjouissances, lesquelles se traduisaient principalement par le repas de famille qui accompagnait tous ces sacrifices et auxquels Jahveh était censé prendre part.

§ 3. — *Sacrifices de péché et de délit.*

Ces deux genres de sacrifices ont été souvent confondus et il est de fait qu'ils sont très difficiles à distinguer. Les données des textes ne jettent pas un jour très clair sur la question ; le législateur semble s'être peu soucié de la distinction, ou s'il l'a faite, c'est dans des termes bien vagues. Essayons de préciser un peu plus, si possible.

Les deux mots hébreux employés sont, pour le sacrifice de péché, *chattaat*, et pour le sacrifice de délit, *ashâm*. Le premier signifie à la fois *péché*, *sacrifice pour le péché*, *peine du péché;* le second, qui vient d'un verbe *ashâm*, *enfreindre une règle*, se traduit généralement par *délit* et *sacrifice de délit.* — Comment établir une différence entre ces deux mots? Un délit n'est-il pas un péché dans une

______

(1) Reuss, *Pentateuque et Josué*, t. II, p. 122, note 1.

certaine mesure, et réciproquement? Consultons quelques
auteurs.

Josèphe (*Antiq.* III, 9) et Philon (*De Vict.* II, p. 247)
pensent que le *asham* était offert par celui qui, sachant
qu'il a commis une faute, s'en accuse lui-même, sans que
personne puisse dire qu'il a péché. Si nous comprenons
bien la pensée de ces deux auteurs, le sacrifice pour le
délit n'aurait été, après tout, qu'un sacrifice volontaire,
dont on pouvait se dispenser, mais qu'il valait mieux
accomplir. Michaëlis croit que les *ashamim* étaient offerts
pro peccatis omissionis et *chattaôt pro peccatis commis-
sionis*. D'après Gesenius, le *chattaat* aurait été, pour les
péchés graves, le *asham* pour les fautes légères. C'est à
cette opinion que semble se rattacher M. Reuss, en
ajoutant que ce n'est pas là une distinction absolue, et que
cela pourrait bien s'expliquer par l'origine différente des
dispositions législatives des chapitres IV et V du Lévitique.

Voyons quels sont les points communs que ces deux
sacrifices ont entre eux : cela nous aidera peut-être à les
distinguer. L'un et l'autre sont accompagnés d'une confes-
sion de la faute commise (Lév. V, 5 — Nomb. V, 7) ; ils
doivent servir au rétablissement ou à l'entretien des bons
rapports avec Dieu, rapports qui avaient été troublés par le
péché. Mais il est bien entendu que dans tout cela il ne
s'agit que de péchés involontaires, car les autres ne peuvent
être rachetés par des sacrifices : ils entraînent l'extermi-
nation du coupable. Les fautes effacées par les sacrifices
de péché et de délit étaient celles qu'on avait commises
soit sans le vouloir, soit sans le savoir, soit encore par
imprudence ou légèreté ; en un mot tous les péchés commis par erreur (*bishegagah*), et non ceux qui étaient faits

à main levée. Enfin, ni l'un ni l'autre de ces sacrifices n'était accompagné d'offrandes et de libations.

Maintenant, quelles sont, d'après les textes, les différences qu'on peut signaler? Nous en trouvons une d'abord dans le choix de la victime (Lévit. XIV, 10 suiv. — Nomb. VI, 12 suiv.) Des quatre espèces d'animaux qu'on pouvait employer pour les sacrifices sanglants (mouton, bœuf ou veau, chèvre, colombe), la première seule était admise pour le sacrifice de délit. Autre différence : le sacrifice de péché faisait souvent partie du culte public, par exemple au grand jour des expiations, celui de délit n'était offert que par des individus, il était destiné à effacer des fautes personnelles (Lév. V, 14-17 — Nomb. V, 5-10), le tort fait à Dieu ou au prochain. Le premier n'était offert que si l'individu ou la nation était bien convaincue de son péché, si la violation de la loi était incontestable; pour le second, il arrivait très souvent qu'on l'offrait uniquement pour tranquilliser sa conscience, lorsqu'on croyait, sans en être certain toutefois, avoir commis quelque infraction à la loi. C'était une façon de se tenir constamment en haleine, de n'être pas en reste avec Jahveh, à qui il vaut mieux donner trop que pas assez. Le rituel des deux sacrifices n'était pas le même pour l'un et pour l'autre, ainsi que nous le verrons bientôt.

De ces quelques observations résulte pour nous la conviction que dans la pensée du législateur, la distinction à établir entre sacrifice de péché et sacrifice de délit est chose secondaire, que c'est plutôt le prêtre qui doit juger s'il y a péché ou délit, c'est-à-dire faute grave ou seulement légère transgression, et que c'est d'après son estimation que doit se faire le sacrifice. Dans les deux cas, il y a infidélité à la loi de Jahveh, mais cette infidélité est plus ou moins étendue ; elle dépend de la gravité du tort fait à Dieu ou au prochain, et aussi de la position sociale, financière, du délinquant, car il était exigé beaucoup plus d'un prêtre que d'un simple fidèle, d'un chef de clan que d'un citoyen, etc. Tout cela revient à dire que le sacrifice de délit était une indemnité payée pour une faute légère ; le sacrifice de péché servait à couvrir les fautes plus graves. C'est à cette opinion que se rangent la plupart des critiques, en particulier Gesenius et Reuss.

A) Cérémonies observées pour le sacrifice de péché.

Ainsi que nous l'avons déjà dit, le choix des victimes et les cérémonies qui accompagnent ces sacrifices varient beaucoup, selon les circonstances, le temps, la gravité de la faute, la personne du pécheur, etc. Ici, nous ne distinguerons pas moins de quatre cas.

Premier cas. — Si c'est un prêtre (1) qui a péché, il doit offrir un jeune taureau sans défaut, qu'il égorgera à l'entrée de la tente d'assignation après l'imposition des mains. Il apportera le sang dans le tabernacle, il en fera sept fois l'aspersion devant le voile du sanctuaire (2). Il mettra du sang sur les cornes de l'autel des parfums qui se trouve dans le tabernacle, et le reste, il le répandra au pied de l'autel des holocaustes. Cela fait, il doit procéder à l'enlèvement de la graisse comme cela se pratique pour les sacrifices d'actions de grâces, et la brûler sur

(1) Le texte dit : « le prêtre qui a reçu l'onction. » Il s'agit donc ici du grand-prêtre et ce cas pourrait bien ne s'appliquer qu'à lui seul.

(2) C'est le voile qui séparait le lieu saint du très saint. En temps ordinaire, le grand-prêtre seul avait le droit, une fois par an, d'entrer dans le très saint, après s'être soigneusement purifié.

l'autel des holocaustes. Ce qui reste, la chair, la peau, les
entrailles, etc., tout cela doit être porté hors du camp,
dans un lieu pur, pour être brûlé (Lév. IV, 3-13). « On
saisit facilement, dit M. Reuss, la différence entre ce rite
et ceux décrits précédemment. Dieu reçoit le sang de la
victime expiatoire, ainsi que la fumée de la graisse, ce
qui est un acte de propitiation. Les chairs, etc., ne sont
pas consacrées, vu le but même de la cérémonie ; il s'y attache une espèce de réprobation, à cause du péché de celui
qui a dû offrir la victime. Elle ne peut pas être considérée
comme pouvant représenter la *nourriture* de Dieu (1)! »

Deuxième cas. — C'est la nation entière qui a péché.
L'assemblée doit alors offrir un jeune taureau qui est
amené devant la tente d'assignation ou tabernacle. Les
anciens d'Israël posent les mains sur la tête de la victime
et le grand-prêtre l'égorge. La cérémonie se poursuit
comme dans le cas précédent, ce qui prouve que la faute
est aussi grave, soit que le grand-prêtre seul pèche par
inadvertance, soit que la nation entière transgresse involontairement les commandements de l'Eternel. Celà s'explique par le fait que le grand-prêtre, étant le représentant
de la nation, son péché était aussi grave que celui du
peuple tout entier (Lév. IV, 13-22).

Troisième cas. — Si c'est un chef de clan qui a offensé
Jahveh, il doit offrir un bouc sans défaut ; il lui imposera
les mains et l'égorgera à l'endroit où se fait l'immolation
des holocaustes. Le prêtre prendra du sang et en asper-
gera les cornes de l'autel des holocaustes. Il brûlera la
graisse sur l'autel, et fera ainsi expiation pour ce chef
(Lév. IV, 22-27).

(1) Reuss, *Pentateuque et Josué*, t. II, p. 143, note 1.

On voit ici d'une manière frappante combien l'importance de la cérémonie variait avec la position de la personne qui offrait le sacrifice : un bouc au lieu d'un taureau ; le sang n'est pas porté dans le sanctuaire, le prêtre se contente d'en asperger les cornes de l'autel des parfums, et répand le reste autour de l'autel des holocaustes ; les chairs ne sont pas brûlées, elles reviennent au prêtre qui a le droit d'en faire sa nourriture, preuve qu'elles ne sont pas impures ; enfin, l'officiant est un prêtre ordinaire, et non pas « celui qui a reçu l'onction. »

Quatrième cas. — Le fait que nous venons de signaler se remarque encore lorsque c'est un simple membre de la communauté qui a péché involontairement. Son sacrifice consiste en une chèvre ou un agneau femelle sans défaut, qu'il égorge après l'imposition des mains. Le prêtre trempe son doigt dans le sang, et en met sur les cornes de l'autel des holocaustes ; le reste du sang est répandu au pied du même autel ; la graisse seule est brûlée, les chairs reviennent à l'officiant.

Terminons cet exposé des cérémonies du sacrifice pour le péché en signalant une expression sur laquelle nous aurons à revenir, mais qu'il est nécessaire de signaler ici : c'est le terme de *kipper*, dont le radical signifie *couvrir*. « On dit que Dieu *couvre* un péché, quand il veut bien ne pas en tenir compte. Le prêtre le couvre en accomplissant un acte rituel qui doit provoquer cette disposition chez le juge : il fait ainsi Dieu propice, il fait acte de propitiation. » (1)

---

(1) Reuss, *Pentateuque et Josué*, t. II, p. 114, note 2.

b) Cérémonies observées dans le sacrifice pour le délit.

Le chapitre VI⁰ du Lévitique, où sont énumérées les diverses cérémonies qui accompagnaient le sacrifice pour le délit, commence par mentionner quelques cas de culpalité et la peine qu'ils entraînent. Certains interprètes y ont vu une nouvelle catégorie de sacrifices et par conséquent de rites. Il nous semble, cependant, qu'il n'est vraiment parlé des sacrifices de délit qu'à partir du v. 14, et c'est d'après la fin de ce chapitre que nous énumérons les différentes cérémonies du sacrifice qui nous occupe.

Ici encore, le législateur distingue plusieurs cas.

1⁰ Péché involontaire à l'égard des choses consacrées à l'Eternel. Celui qui a commis ce délit doit offrir un bélier sans défaut, acheté d'après l'estimation du prêtre, et que celui-ci égorge à l'endroit où se fait l'immolation de l'holocauste. Le coupable doit donner, avec un cinquième en sus, la valeur de la chose dont il a frustré le sanctuaire. Le prêtre répand le sang tout autour de l'autel, et brûle la graisse comme dans le sacrifice d'actions de grâces (Lév. VII, 5). La chair lui revient, mais lui seul a le droit d'en manger, à l'exclusion même des membres de sa famille.

2ᵒ Violations générales de la loi (Lév. V, 17-20). Le choix de la victime, le rituel, etc., tout est identique au cas précédent.

3ᵒ Délits civils (V, 21-26). Le mensonge, le vol, et, d'une manière générale, l'infidélité vis-à-vis du prochain, sont sévèrement punis. Le délinquant doit restituer la chose dans son intégrité en y ajoutant un cinquième de sa valeur, et en même temps offrir un sacrifice pour le

délit : un bélier sans défaut, que le prêtre sacrifie
comme dans les cas précédents.

Faisons maintenant quelques remarques sur ces cérémonies. Et d'abord, le seul animal qu'on puisse sacrifier,
c'est le bélier, d'où l'expression de *bélier du délit*. Il
fallait toujours une victime mâle. Œhler explique cette
particularité en disant que, dans toute l'antiquité, les
béliers et les autres animaux mâles ont été employés pour
les sacrifices qui avaient le caractère d'amendes à payer
et de satisfaction à accorder (1). Il n'est pas parlé d'imposition des mains. Devons-nous en conclure que cette
cérémonie ne faisait pas partie du rite habituel ? D'un
côté, le fait que le rituel observé ici est, à peu de chose
près, le même que pour le sacrifice d'actions de grâces,
tend à prouver le contraire ; de l'autre, l'expiation se
faisant surtout par le paiement intégral et même aug-
menté, du dommage causé, en d'autres termes, tout
étant subordonné à la valeur intrinsèque du sacrifice,
l'imposition des mains reste au second plan et joue un
rôle tout à fait secondaire.

En résumé, toutes les cérémonies du sacrifice pour le
délit n'ont en vue qu'un but qui est celui-ci : réparer un
dommage. Pour cela, il fallait donner au moins la valeur
du dommage (la loi exige même un cinquième en plus).
C'est ce qui nous explique encore pourquoi la valeur de
la victime ne varie pas avec la position sociale de celui
qui l'offre. C'était au prêtre à estimer le tort qui avait été
fait, à lui aussi de choisir le bélier dont le prix pût réparer le dommage (2).

(1) Œhler, *Théologie biblique*, t. II, p. 71.

(2) M. Reuss fait observer avec raison que le dommage pouvant être
très grand ou très petit, et le prix des béliers ne variant pas en propor-

§ 4. — *Autres sacrifices sanglants.*

Nous dirons ici quelques mots de deux sacrifices qui ne rentrent pas dans les catégories que nous avons décrites, mais qui méritent pourtant d'être mentionnés, ne fût-ce que pour montrer que le culte israélite n'a pas toujours été d'une pureté parfaite, en ce sens qu'il a plus d'une attache avec les pratiques religieuses des peuples adonnés à l'idolâtrie. Il ont, en outre, ceci de particulier, qu'ils étaient accomplis hors du camp.

Le premier a trait aux meurtres dont les auteurs demeuraient inconnus ; il est exposé dans Deut. XXI, 1-10. Quand un cadavre était découvert dans les champs, on mesurait la distance de l'endroit où avait été commis le meurtre à toutes les villes d'alentour. Les anciens de la plus rapprochée prenaient une jeune vache et lui cassaient la nuque dans un endroit rocailleux, impropre à la culture. Puis, tous se lavaient les mains dans le sang de la victime, en disant : « Nos mains n'ont point répandu ce sang, et nos yeux ne l'ont point vu répandre. Pardonne, ô Jahveh, à ton peuple d'Israël que tu as racheté..... » Ce n'était pas un sacrifice expiatoire : les Israélites témoignaient par là qu'aucun d'eux n'était l'auteur du crime et que leur désir était que le coupable fût puni de mort dans un endroit désert, afin que son sang ne souillât pas la terre habitée. C'était pour ainsi dire une exécution en effigie, une croyance superstitieuse.

L'autre sacrifice est celui de la vache rousse (Nom. XIX).

tion de l'importance du délit, l'équité n'était pas parfaite. Il y a là des obscurités ; peut-être bien qu'elles viennent de l'origine différente des lois du Lévitique.

De temps à autre, on amenait au prêtre une génisse rousse qui n'avait point porté le joug. On l'immolait hors du camp. Le prêtre prenait du sang avec le doigt, et en faisait sept fois l'aspersion dans la direction du sanctuaire. La victime était brûlée entièrement ; pendant qu'elle se consumait, le prêtre jetait dans le feu du cèdre, de l'hysope et de la laine peinte en cramoisi. La cendre du sacrifice, délayée dans de l'eau, constituait l'eau lustrale qui servait à certaines purifications lévitiques : on en aspergeait, par exemple, ceux qui avaient touché un cadavre.

Il est probable que, tout en conservant des formes païennes, ce sacrifice a été institué pour réagir contre le polythéisme. C'est l'opinion que met en avant Munk dans son livre sur *La Palestine*, p. 162. Les peuples de l'Orient, et notamment les Égyptiens, tenaient la vache en grande vénération : ainsi, il était permis d'employer le bœuf pour les sacrifices, mais non la vache. Le législateur hébreu pourrait bien avoir voulu détruire cette grossière superstition, en se plaçant à l'opposé, dans une position absolument contraire à celle des peuples idolâtres.

CHAPITRE II

Le terme général employé pour désigner les sacrifices non sanglants est *minechah*, opposé à *zebach*. Il a plusieurs significations :

1º Il signifie d'abord *présent* (δῶρον, selon la traduction des Septante), soit ce qui est offert aux grands et aux rois (2 Rois VIII, 8-9), soit les cadeaux que les princes s'envoient les uns aux autres (1 Rois, X, 25).

2º Il a encore le sens de *tribut*, rançon exigée des peuples vaincus (2 Sam. VIII, 2-6 — 2 Rois XVII, 4).

3º Enfin, le mot *minechah* s'applique aux dons offerts à la divinité, aux sacrifices non sanglants consumés par le feu.

Ces sacrifices se voient chez tous les peuples de l'antiquité, c'est même par là qu'ils ont commencé à manifester à leurs divinités respectives leurs sentiments de respect et souvent de crainte. Nous avons essayé de montrer, dans notre introduction, comme quoi les premiers sacrifices n'ont pas été sanglants. Nous n'y reviendrons pas : la chose est assez évidente pour ne pas exiger de longs éclaircissements. Chez les Hébreux, comme chez les peuples païens, les offrandes et les libations sont offertes tantôt seules, tantôt comme complément des sacrifices sanglants. Elles sont toujours unies à l'holocauste et au sacrifice de prospérité, jamais au sacrifice de péché ou de délit; toutefois, exception doit être faite pour le sacrifice du lépreux (Lév. XIV, 21).

a) Offrandes.

L'offrande proprement dite consistait ordinairement en fleur de farine pétrie à l'huile et à laquelle on ajoutait de l'encens. La cérémonie était fort simple : le prêtre prenait une poignée de cette farine ainsi pétrie et la brûlait sur l'autel. Le reste de l'offrande était pour lui ; il devait, après l'avoir fait cuire, la manger dans le parvis.

L'offrande était quelquefois cuite au four (Lév. II, 4) ou à la poële (v. 5), ou sur le gril (v. 7). La cérémonie restait toujours la même. La partie de l'offrande brûlée par le prêtre était offerte comme *mémorial (azekarah*, de *zakar*, se souvenir), c'est-à-dire que l'Israélite se rappelait par là au bon souvenir de Jahveh. Dans les sacrifices publics offerts en faveur du peuple, il est très probable, quoique cela ne soit dit expressément nulle part, que l'offrande non sanglante qui accompagnait l'holocauste, était consumée entièrement sur l'autel.

Si maintenant nous considérons les offrandes en elles-mêmes, indépendamment des sacrifices sanglants auxquels elles sont jointes, nous pouvons les diviser en deux catégories principales : publiques et particulières. Parmi les premières, on peut citer : 1° les prémices de la moisson : une gerbe offerte pendant la Pâque (Lév. XXIII, 10-19), le lendemain du sabbat. Aucun Israélite ne pouvait manger ni pain, ni épis rôtis, avant d'avoir accompli ce sacrifice ; 2° les deux pains de la fête des semaines : ils devaient être faits avec deux dixièmes d'épha de fleur de farine, et chose étrange, cuits avec du levain (1). Dans ces deux sacrifices les offrandes étaient agitées et élevées ; 3° Les douze pains de proposition qu'on renouvelait chaque jour du sabbat, et qui revenaient aux prêtres (2).

Les offrandes privées étaient aussi de plusieurs sortes : 1° offrande du pécheur qui n'avait pas les moyens de se procurer une colombe ; 2° offrande du prêtre (Lév. VI, 13-16) : à partir du huitième jour après sa consécration, le prêtre devait offrir, moitié le matin, moitié le soir, une offrande d'un dixième d'épha de fleur de farine pétrie à l'huile et cuite à la poêle. Elle devait être entièrement consumée, car le sacrificateur n'avait pas le droit de faire servir son offrande à sa nourriture personnelle, et ne pouvait pas la donner à d'autres ; 3° offrande de jalousie. Lorsqu'un mari soupçonnait sa femme d'adultère, il apportait en offrande au prêtre un dixième d'épha de farine d'orge. Il serait trop long d'exposer ici en détail les cérémonies pleines de mystère qui accompagnaient ces sortes d'offrandes ; elles sont décrites dans Nomb. V, 11-31 ; 4° offrandes faites à la suite d'un vœu.

Ainsi donc, les offrandes consistaient principalement en fleur de farine de froment ou d'orge, en épis frais, en gâteaux, etc., autrement dit, en produits de la terre. Mais, qu'on le remarque bien, ces produits naturels sont aussi en partie le fruit du travail de l'homme qui les a fait rapporter à la terre ; ceux qui ne lui ont coûté aucune

(1) Le même fait se remarque pour les pains offerts avec les sacrifices de prospérité La présence du levain s'explique par e but de ces sacri-fices dont la substance devait servir de nourriture, soit aux prêtres, soit à la famille qui sacrifiait. Du reste, ces pains faits avec du levain ne paraissaient pas à l'autel.

(2) Nous empruntons cette division à l'excellent ouvrage de Munk sur la Palestine.

peine, les amandes, les grenades, etc., ne peuvent être
employées comme offrandes. C'est que l'Israélite doit
mettre du sien dans les sacrifices qu'il offre ; il doit se
priver de quelque chose en faveur de Jahveh ; en d'autres
termes, il faut que son sacrifice lui coûte quelque chose,
argent ou travail. C'est à cette seule condition « qu'il
était d'une agréable odeur à l'Eternel », et agréé.

Il était défendu d'une manière absolue de mélanger du
miel ou du levain aux offrandes. L'explication la plus
plausible de cette ordonnance se trouve dans le fait que
la fermentation produite par le levain et le miel était considérée par les Hébreux comme un commencement de
décomposition et, par suite, d'impureté (1). D'ailleurs les
Hébreux ne sont pas les seuls peuples à interdire l'usage
du miel et du levain dans les sacrifices ; cette coutume
existait aussi chez les Hindous qui n'offraient à leurs
dieux que des gâteaux sans levain. On peut en dire autant
des Grecs et des Romains.

Par contre, le sel joue dans les sacrifices non sanglants
un rôle considérable. Il était expressément ordonné d'en
joindre à toutes les offrandes, et même il ne serait pas
invraisemblable qu'on en ajoutât aux victimes immolées
pour les sacrifices sanglants ; cela semble ressortir du
passage Ezéch. XLIII, 24, et c'est aussi l'opinion de
Josèphe. Le sel était le signe de l'alliance avec Jahveh, le
symbole de la conservation des bons rapports qu'il entre-

(1) Les uns ont dit que le miel et le levain, donnant un goût agréable
aux choses auxquelles on les mélange, étaient exclus afin d'éviter aux
Hébreux le péché de gourmandise ; d'autres ont soutenu que ces deux
substances font lever la pâte, ce qui est un signe d'orgueil, etc. Cette
dernière explication est, ce nous semble, peu compatible avec le caractère hébreu.

tient avec son peuple. De même que le sel conserve les aliments et leur donne de la saveur, de même il symbolise l'éternelle et sainte alliance de l'Éternel avec Israël. Aujourd'hui les Orientaux scellent leurs pactes par l'échange d'une poignée de sel ; d'où l'expression d'*alliance du sel*, c'est-à-dire inviolable.

b) *Libations.*

Les libations (*nesek*) se faisaient avec du vin. D'après Josèphe, la quantité de liquide employée était égale à celle de farine : pour une mesure de celle-ci, il fallait une mesure de vin, et ainsi de suite. — L'Ancien Testament ne dit rien sur la manière dont se faisaient les libations, mais il est probable, comme le fait remarquer Josèphe (1), que la cérémonie consistait simplement à répandre le vin tout autour de l'autel. D'après les Rabbins, le vin était versé dans un canal situé tout à côté de l'autel. C'était le couronnement des sacrifices, le dernier échelon de la vaste échelle des cérémonies qu'il fallait accomplir quand on offrait des sacrifices.

c) *Prémices et dîmes.*

Nous ne dirons que quelques mots de ce genre de sacrifices. Partant de ce principe que rien de ce qu'il possède ne lui appartient en propre, mais à l'Éternel, l'Israélite était tenu à payer certains impôts théocratiques que nous allons énumérer.

1° Le premier né des hommes et des animaux appartient à l'Éternel. On pouvait cependant racheter à prix d'argent celui des hommes et celui des animaux impurs

(1) Josèphe, *Antiq.* III, 10.

(Nomb. XVIII, 15). C'était le prêtre qui en fixait la valeur. Quant aux premiers nés des animaux purs, ils servaient aux sacrifices. Enfin, si l'animal, bien que jugé pur par la loi, avait un vice de conformation quelconque, l'Israélite pouvait le manger dans sa maison.

2° Les premiers produits de la terre doivent être offerts à Jahveh ; c'est à cette seule condition que l'Israélite pourra manger des légumes et des fruits sans crainte d'être souillé : l'offrande a tout purifié.

3° Chaque membre de la communauté devait payer un impôt aux lévites, qui en donnaient la dixième partie aux prêtres. C'était leur revenu, et ils n'en avaient pas d'autre, la loi leur défendant de posséder de la terre (Nomb. XVIII, 22). Cet impôt se payait en nature ou en argent, en nature, lorsque les moyens de communication et les distances permettaient facilement d'apporter au temple ce qui était nécessaire, en argent, dans le cas contraire. Tous les trois ans, au lieu d'apporter la dîme à Jérusalem, on s'en servait pour faire un grand repas, auquel assistaient non seulement les membres de chaque famille, mais aussi les lévites, les veuves et les orphelins des environs.

4° Enfin, à chaque dénombrement, on devait payer un demi-sicle pour le temple (Exode, XXX, 12). C'était encore un moyen de se rendre Dieu propice, à l'occasion de ce grand événement.

Nous arrivons au bout de l'énumération des divers sacrifices hébreux, et des cérémonies qui les accompagnaient. Nous allons maintenant aborder la seconde partie de notre travail et tâcher de saisir, à travers les différentes époques de l'histoire d'Israël, l'idée que chacune d'elles a attachée aux sacrifices.

DEUXIÈME PARTIE

L'IDÉE

PHASES SUCCESSIVES DE LA NOTION DES SACRIFICES
DANS L'ANCIEN-TESTAMENT

CHAPITRE I.

LES PREMIERS SACRIFICES DES HÉBREUX.

Il est bien difficile, pour ne pas dire impossible, de
démêler au travers des mythes et des diverses compo-
sitions, parfois contradictoires, de la Genèse, l'idée claire
et nette du culte de ceux qu'on est convenu d'appeler les
premiers Hébreux, et particulièrement le sens de leurs
sacrifices. La religion de ces temps-là tient encore un peu
de la mythologie ; on y respire un parfum encore imprégné
de paganisme, que les rédacteurs de la Genèse n'ont pu,
malgré leurs efforts, faire disparaître entièrement, si bien
qu'il faudrait savoir exactement d'où les patriarches ont

tiré leurs idées sur les sacrifices qu'ils ont offerts à leur divinité, pour en découvrir le sens. Essayons cependant, à la lumière de la critique moderne, d'apporter, si possible, un peu de lumière dans la question.

Le premier sacrifice mentionné dans l'Ancien Testament est celui de Caïn et d'Abel (Gen. IV). Les deux fils d'Adam cherchent à s'attirer les faveurs de la divinité, et à cet effet, ils offrent ce qu'ils ont de mieux : Abel, qui est berger, sacrifie le meilleur de ses agneaux, et Caïn, le laboureur, offre les prémices des fruits de la terre. Cependant l'offrande de Caïn, qui semble plus importante que celle d'Abel, n'est pas agréée par Jahveh, qui préfère celle d'Abel et le témoigne. De là, colère de Caïn qui s'irrite contre son frère. On sait le reste.

Comment expliquer ce sacrifice? Que devons-nous y voir? La tradition a une réponse toute prête et qui a longtemps prévalu. Dieu, dit-elle, n'accepte pas le sacrifice de Caïn parce qu'il n'est pas fait avec foi. Caïn, en effet, offre les premiers fruits qui lui tombent sous la main, tandis qu'Abel choisit dans son troupeau les meilleures têtes de bétail, et il les offre joyeusement, ce que ne fait pas son frère. Il est clair que l'Éternel doit *regarder* le sacrifice d'Abel de préférence à celui de Caïn.

Avec les données de la science moderne, cette explication, tout en renfermant une part de vérité, ne peut plus suffire. Les deux fils d'Adam offrent chacun ce qu'ils ont en leur possession, l'un des fruits, l'autre des agneaux, c'est-à-dire ce qu'ils ont de meilleur; tout cela est fort naturel. Mais ce qui l'est moins, c'est le choix que fait la divinité. Pourquoi accepte-t-elle avec plus de faveur le sacrifice d'Abel que celui de Caïn? Cela paraît incompréhensible. Et pourtant, c'est bien après avoir indiqué la nature des dons offerts par les deux frères, que l'auteur dit que l'offrande de l'un fut agréable, et l'autre désagréable à Jahveh. Autrement, on pourrait dire, en se reportant à l'époque probable où le document jahviste, qui mentionne le fait, a été rédigé : quoi d'étonnant à ce que le rédacteur envisageant les choses à son point de vue, ait expliqué le choix de Jahveh par l'idée que chacun des deux frères attache à son sacrifice, l'un offrant de la graisse et de la chair, et l'autre simplement des fruits? Dans ces conditions, le choix de Jahveh devait tomber sur le premier. Mais ici, ce qui motive le jugement divin, c'est bien la nature des dons qui lui sont offerts. On peut, ce nous semble, trouver une explication du fait qui nous occupe dans l'idée qu'à cette époque on se faisait de la divinité, idée qui nous est donnée par le meurtre d'Abel. Si Caïn tue son frère, c'est parce qu'il sent que la divinité l'abandonne, cette divinité qui habite exclusivement le pays d'Eden et s'entretient directement avec ses fils. C'est une puissance qu'il perd, et c'est ce qui l'irrite. En un mot, Jahveh est pour lui un dieu revêtu d'une forme humaine, sentant, éprouvant comme les hommes, mais doué d'une puissance supérieure et dont le choix n'est qu'un acte arbitraire : le sacrifice d'Abel lui a plu davantage, il l'a *regardé* d'un œil plus favorable, il l'a agréé. Mais tout cela est subjectif; un dieu autre que celui de Caïn et d'Abel aurait pu accepter le sacrifice du premier et rejeter celui du second.

Au fond, tout cela revient à dire que cette époque appartient beaucoup à la mythologie et que la religion dominante est l'idolâtrie. Et nous n'hésitons pas à l'affirmer. Oui, jusqu'à Moïse et Josué, et même longtemps après eux, les Israélites ont adoré de faux dieux. Nous pourrions en multiplier les preuves. L'Ancien Testament lui-même nous le dit dans un grand nombre de passages (1). L'histoire du peuple israélite n'est-elle pas remplie jusqu'à l'exil de tentatives de retour à l'idolâtrie, tentatives que Moïse et les prophètes ne parviennent pas toujours à déjouer? Qu'on se rappelle le serpent d'airain, le veau d'or, etc., et l'on sera forcé de convenir que tout cela n'était qu'une réminiscence d'un état de choses passé, et auquel les Israélites dans le désert sont tentés de revenir, en voyant que le Dieu qui leur a annoncé Moïse tarde à remplir ses promesses.

Nous ne pouvons pas accorder une grande importance au sacrifice de Caïn et d'Abel; il ne prouve rien pour la suite, car c'est un fait isolé. Les deux fils d'Adam cherchent à s'attirer les bonnes grâces de la divinité en lui offrant des dons matériels; c'est ainsi que font tous les peuples primitifs. Les sacrifices chez les Hébreux ne commencent à avoir un semblant d'organisation et de consistance qu'après le déluge, quand Noé construit un autel et offre des holocaustes, et encore, à cette époque, leur institution n'est-elle pas définitive tant s'en faut, et exhale un parfum d'idolâtrie.

Enfin, si nous laissons de côté la cause de la querelle de Caïn et d'Abel ainsi que le sacrifice proprement dit, nous ne pouvons voir là-dedans qu'un mythe symbolisant la lutte continuelle des peuples pasteurs et des peuples agriculteurs, des nomades et des sédentaires.

Le caractère d'idolâtrie et de superstition que nous avons remarqué dans la religion des premiers Hébreux se retrouve encore dans le récit du déluge. Dieu est ici

(1) Voyez Ezéchiel, XVI, 20 suiv. — Josué, XXIV, 2, 14, 23. — Amos, V, 25. — Deut, XVIII, 15, — XXXIV, 10, etc.

absolument identifié aux divinités païennes. Il est irrité
contre les hommes, et, pour les punir de leurs désordres,
il leur envoie un cataclysme épouvantable. Un seul homme
est resté juste, c'est Noé ; aussi est-il sauvé avec sa famille et une paire de chaque espèce d'animaux. Pour
marquer sa reconnaissance à la divinité, Noé élève un
autel au sortir de l'arche et offre à Jahveh un sacrifice
d'actions de grâces pris parmi les animaux qui ont sur-
vécu à la catastrophe. Jahveh se sent apaisé ; il déclare
que désormais il ne détruira plus l'humanité, c'est-à-dire
qu'il se repent de son action. Mais, chose digne de remarque, le repentir ne lui vient qu'après que Noé lui a offert des sacrifices. Son ouvrage lui déplaisait, il voulait
le détruire, car il n'allait pas à son but, mais puisque
les hommes lui font des offrandes, il se dit qu'après tout,
il continuera à les supporter. Quelle superstition ! Quelle
étrange façon de comprendre la divinité ! Mais l'acte qu'on
lui prête serait indigne même de l'homme, car enfin c'est
de dépit que le Dieu de Noé conserve l'humanité, son
œuvre, en se disant que sa destruction ne remédierait à
rien et ne l'empêcherait pas d'être mauvaise ! Encore
une fois, cette époque nous semble encore imprégnée
d'une forte dose d'idolâtrie.

Signalons, en passant, un fait qui rend invraisemblable
le sacrifice de Noé, si les choses se sont passées telles
qu'elles sont racontées. C'est pour que les races d'animaux qui habitaient la terre avant le déluge ne disparaissent pas entièrement, que Noé a enfermé une paire
de chacun d'eux avec lui dans l'arche. Or, il est dit qu'à
sa sortie, Noé offre un sacrifice sanglant, il détruit donc
en partie ce qu'il était chargé de conserver, car il ne pouvait avoir à sa disposition d'autres animaux que ceux de

l'arche. Et pourtant, la divinité accepte ce sacrifice?

Après le déluge, Dieu traite alliance avec Noé et lui fait certaines recommandations. (Gen. IX 1 suiv), entre autres celle de ne pas manger du sang des animaux. « Tout ce qui a vie, lui dit-il, te servira de nourriture, mais tu ne mangeras point de chair avec son âme, avec son sang. » C'est là une ordonnance qui se retrouve à chaque page de l'histoire du peuple d'Israël et c'est une des rares traditions qui se soit conservée, vivace et inébranlable, parmi les Juifs de nos jours. C'est que, pour l'Israélite, l'âme et le sang sont une seule et même chose, car le sang c'est la vie : en en buvant, on participe à la destruction d'un être vivant et l'on offense Dieu qui donne la vie.

Autre remarque à mentionner dans l'alliance de Jahveh avec Noé : la distinction entre animaux purs et animaux impurs, qui joue un si grand rôle dans la suite, est passée sous silence. On ne peut pourtant pas en conclure que l'auteur ne connait pas cette distinction. L'origine en est dans l'idée que Jahveh étant saint, et les premiers sacrifices n'étant que des repas pris en son honneur, on ne pouvait lui offrir une nourriture impure.

Nous arrivons maintenant aux personnages qu'on désigne sous le nom de patriarches, parce qu'ils sont représentés comme les chefs des divers peuples ou plutôt comme leur personnification, Nous parlerons surtout du sacrifice d'Isaac, raconté dans Gen. XXII, 1-20.

Dieu apparaît à Abraham dans un endroit appelé Beersebah et lui ordonne de sacrifier son fils Isaac. Quelque terrible que fût cet ordre, le patriarche se dispose à l'exécuter. Il part le matin avec son fils et quelques serviteurs, en emportant du bois pour le sacrifice (1). Le troisième jour, ils arrivent au pied de la montagne de Morija, qui est l'endroit assigné à Abraham pour accomplir son sacrifice. Abraham renvoie ses serviteurs et gravit seul avec son fils, chargé des matériaux nécessaires à l'holocauste, les pentes de la colline. Nous ne raconterons pas les épisodes qui marquent l'ascension de la montagne et les préparatifs du sacrifice ; ils sont suffisamment connus. Dieu arrête le bras d'Abraham prêt à immoler son fils, et place sous sa main un bélier retenu par les cornes dans un buisson. Abraham l'offre à la place de son fils. A la suite de ce sacrifice, Jahveh conclut une alliance avec le patriarche.

On a longtemps pris le récit de ce sacrifice au pied de la lettre ; on a admiré sans réserve la soumission d'Abraham aux ordres de son Dieu et on l'a exalté sur tous les tons. On ne peut nier que le récit n'ait pour but de montrer le patriarche s'inclinant avec respect devant les ordres pénibles de la divinité, mais il y a plus que cela dans le récit. L'idée qui semble en ressortir avec une évidence indéniable, c'est l'existence des sacrifices humains chez les premiers Israélites.

En effet, ce qui, chez les peuples primitifs, fait le prix du sacrifice, ce n'est pas tant l'idée qu'on y attache, que la valeur matérielle des choses offertes. On présente à la divinité d'abord des fruits, puis des animaux ; à la fin, ceux-ci paraissent trop peu de chose, et on en arrive à se

---

(1) M. Reuss fait observer à ce propos qu'il est invraisemblable qu'Abraham ait emporté du bois à une si grande distance (trois jours de marche). L'auteur veut sans doute faire ressortir le caractère sacré de cette colline de Morija, où devait avoir lieu le sacrifice et sur laquelle fût bâti le temple de Salomon.

4

demander si l'on ne serait pas plus agréable à la divinité
en lui offrant ce qu'on a de plus cher, ses enfants. Pourquoi la coutume n'aurait-elle pas existé chez ces premiers patriarches, vivant à une époque très reculée,
entourés de peuples idolâtres ? Ils étaient nomades, en
contact avec des hommes, ayant des coutumes différentes
des leurs ; qu'y a-t-il d'étonnant à ce qu'ils se soient accom-
modés aux pratiques religieuses des peuples qui leur
donnaient l'hospitalité ! Et qui sait si parfois il n'y étaient
pas contraints ?

Cela dit, voici comment nous comprenons le sacrifice
d'Isaac. Abraham arrive dans un pays où l'on sacrifie les
enfants. Il fait comme tout le monde, soit que le dieu
du pays, par l'organe de ses prêtres, le lui commande,
soit que la tentation d'imiter ceux qui l'entourent s'empare de lui. Abraham se dispose donc à mettre à mort
son fils, pour l'offrir en holocauste, mais il est arrêté par
Jahveh, c'est-à-dire par le principe monothéiste et spiritualiste dont il est porteur. Car enfin, de deux choses
l'une : ou bien Abraham se fait une idée assez grossière de
son Dieu pour croire qu'il lui réclame véritablement le
sacrifice de son fils, et alors on ne peut nier que les sacrifices humains n'aient existé à cette époque ; ou bien Dieu
demande vraiment l'immolation d'Isaac, et alors qu'est-
ce que Dieu, qui d'abord veut une chose et puis qui la
refuse? Dans les deux cas, Dieu est bien rabaissé ; c'est le
dieu des païens, ce ne peut être celui des Israélites.

Le mythe dont nous parlons a précisément pour but de
montrer la supériorité de celui-ci sur le premier. Lui
aussi, Jahveh, le Dieu unique, qui a choisi Morija pour
son lieu de culte et le consacre par sa présence, lui aussi
pourrait demander à son peuple de lui sacrifier tout ce

qu'il possède et même ses enfants, il en aurait le droit,
mais il ne le veut pas, et c'est pour cela qu'il arrête le
bras d'Abraham, et substitue un animal à l'enfant (1). Ce
qu'il veut avant tout, c'est que le cas échéant, son peuple
soit capable d'un pareil sacrifice. Le mythe ne peut s'expliquer autrement, il faut y voir le symbole de la puissance
de Jahveh. Seulement, il reste toujours le fait qu'Abraham,
tenté d'imiter ses voisins qui immolent leurs enfants à
la divinité, n'a pas trop de répugnance. pour l'acte qu'il
va accomplir.

Nous ne nous étendrons pas davantage sur une époque
dont les données historiques se réduisent à si peu de
chose, car on peut bien dire que jusqu'à Moïse et Josué,
Israël n'a pas d'histoire proprement dite. La Genèse, en
effet, ne peut être considérée comme telle ; c'est, si l'on
veut, une introduction à l'histoire qui va suivre, mais
c'est aussi une épopée, destinée à montrer que partout
et toujours, le peuple d'Israël a été l'élu de Dieu. Aussi
nous ne parlerons pas des divers sacrifices offerts par les
autres patriarches ; nous dirons seulement que partout
où ils établissent leurs tentes, ils élèvent un autel sur lequel ils font cuire, en l'honneur de la divinité, des mets
qui leur servent ensuite de nourriture. Là où ils ont eu
des visions, ils érigent un monument commémoratif con-
sistant le plus souvent en pierres enduites d'huile. Pour
ce qui touche plus directement aux sacrifices, il nous
semble que notre thèse est bien établie, à savoir qu'on ne
saurait attribuer aucune valeur expiatoire aux offrandes
des premiers Hébreux ; ce qu'ils veulent seulement, c'est
se concilier les bonnes grâces de la divinité et appuyer

(1) *Bible des familles*, I, p. 245.

par des dons les demandes qu'ils lui adressent. C'est ce qu'il nous importait de constater.

Passons maintenant à une période plus intéressante de l'histoire des sacrifices.

CHAPITRE II.

MOISE. — SORTIE D'EGYPTE. — SÉJOUR AU DÉSERT.
LE DÉCALOGUE ET LE LIVRE DE L'ALLIANCE.

Avec le livre de l'Exode, commence une nouvelle phase de l'histoire du peuple d'Israël. Les descendants d'Abraham, d'Isaac et de Jacob sont opprimés en Égypte; ils sont soumis à de dures vexations, ils ne peuvent adorer leur Dieu sans être inquiétés. Les patriarches furent quelquefois polythéistes; leurs idées sur la divinité eurent souvent quelque chose qui tenait de l'idolâtrie; les sacrifices qu'ils lui offraient n'étaient dictés que par le besoin de s'attirer ses regards bienveillants. Nous allons voir qu'il en fut autrement avec Moïse.

Pour que la notion du culte se transformât, il fallait que l'idée de Dieu revêtît une autre forme, qu'elle se spiritualisât et devînt moins grossière; il fallait un Dieu unique, spécial à Israël et capable de le guider. Les vexations que les Israélites subirent en Egypte leur inspirèrent du dégoût pour leurs oppresseurs et pour la religion qu'ils pratiquaient; elles ne contribuèrent pas peu à les tourner du côté du monothéisme. Mais il ne suffisait pas que le peuple d'Israël manifestât son mécontentement sans essayer de porter remède au mal existant, il fallait un homme qui, résumant en lui toutes les aspirations de la communauté, osât prendre dans ses mains le glaive libérateur et en portât le premier coup à la tutelle égyptienne. Cet homme fut Moïse. Après une première tentative d'affranchissement qui ne réussit pas, il se retira au désert. Là, dans la solitude, le Dieu saint d'Israël, l'Éternel, lui apparut. Il comprit la grandeur qu'il y avait à l'adorer seul, à l'exclusion de tous les autres, et cela ne contribua pas peu à le faire persévérer dans son projet d'affranchissement. Cependant, le Pharaon ne veut pas laisser partir les Israélites : Jahveh le châtie en envoyant sur son pays dix désastres consécutifs. Ces dix plaies, pour le dire en passant, ne sont pas des miracles, mais des faits extraordinaires qui contribuèrent beaucoup à la délivrance des Israélites. Ce n'est qu'après une épreuve plus cruelle, la mort de tous les premiers-nés, que le roi d'Egypte se décide à laisser partir les Israélites, et encore, pris de remords, il se met à leur poursuite sans parvenir à les atteindre. Ici encore, la Providence divine vient au secours des fugitifs en engloutissant les Egyptiens dans les eaux de la mer Rouge.

Ces faits sont très importants à noter si l'on veut se rendre bien compte de l'esprit de la législation mosaïque et de celle du Deutéronome. La religion des Hébreux sort toute entière de cette idée : *la délivrance, opérée par Jahveh, des Israélites opprimés.* C'est de là que sortira le culte, c'est d'après cette notion que les sacrifices seront offerts. Nous ne saurions donc trop y insister. « Ecoute, Israël; je suis l'Éternel ton Dieu qui t'ai retiré du pays d'Égypte, de la maison de servitude. » C'est le premier commandement que Dieu, par l'organe de Moïse, donnera à son peuple, ce sera aussi le plus important. Quand les Israélites seront tentés de sacrifier à d'autres dieux, pour les en détourner, on leur rappellera ce commandement. Après l'exil, à l'époque de la restauration, le souvenir des bienfaits de Jahveh se présentera de nouveau à l'esprit des Juifs, et ce sera une des causes principales de la recrudescence de la ferveur religieuse qui caractérise cette époque.

On a dit que les Israélites avaient emporté d'Égypte une foule de croyances de ce pays, surtout pour ce qui touche au culte. On a prétendu, par exemple, que le costume des prêtres était le même chez les deux peuples, que les sacrifices, chez l'un et chez l'autre, étaient précédés de l'imposition des mains, que certains d'entre eux servaient aux repas des prêtres, etc. Il serait imprudent de nier que les Israélites n'aient adopté quelques-unes des coutumes du pays dont ils sortaient, car c'est dans la nature des choses. Mais les ressemblances de la religion égyptienne avec celle d'Israël sont loin d'égaler les différences, et il faut y mettre du parti pris pour voir dans le culte israélite un dérivé de celui des Égyptiens. Entre autres différences, nous signalerons, chez ces derniers, le polythéisme, le culte des images, le mystère dans la religion. Rien de tout cela ne se trouve chez les Hébreux. Pour la constitution sociale, les différences sont encore beaucoup plus considérables : le sacerdoce est tout puissant en Égypte, il possède tout; chez les Hébreux, il est dominé par les prophètes et par la royauté; les rois d'Egypte sont pris parmi les prêtres : les Hébreux sont organisés en république, et quand vient la royauté, elle est tempérée par le prophétisme, etc. Ces différences montrent clairement que si les Hébreux ont eu à supporter par certains côtés l'influence égyptienne, ils l'ont secouée sur des points beaucoup plus importants.

Pendant leur voyage au désert, les Israélites élèvent de loin en loin des autels à Jahveh et lui offrent des sacrifices. Il y a là un point à noter, capital pour la suite, car c'est lui qui nous permettra de mettre à sa place chaque document touchant les sacrifices, nous voulons parler de la centralisation du culte. Jusqu'ici, et bien plus tard encore, on ne songe pas à l'établir; d'ailleurs, pour le moment elle est inutile. Nous verrons que ce n'est qu'à la réforme de Josias (624 av. J.-C.) que l'on songe sérieusement à abolir les sanctuaires locaux et à centraliser le culte.

Moïse, au désert, ne peut pas avoir donné au peuple d'Israël des prescriptions bien détaillées sur toutes les cérémonies du culte. Il avait bien assez à faire de maintenir le peuple dans l'obéissance à Jahveh, dans l'adoration d'un seul Dieu, et de rappeler les souvenirs de la sortie d'Egypte. L'important n'était pas la description minutieuse du rituel des sacrifices; il fallait avant tout fortifier le monothéisme. Les lois qu'on attribue à Moïse, le Décalogue et le livre de l'Alliance (Exode XX-XXV) sont empreintes de cet esprit.

Le premier des dix commandements se rattache au souvenir de la sortie d'Égypte; le deuxième ordonne au peuple de se garder d'une façon absolue de l'adoration de dieux autres que Jahveh, et le législateur continue en enjoignant aux Hébreux de ne pas adorer des idoles. Voilà ce que le peuple doit observer tout d'abord : la façon dont tel ou tel sacrifice sera offert importe peu, pourvu qu'il soit fait en l'honneur de Jahveh.

C'est par là que les sacrifices seront supérieurs à ceux qu'on offre à Baal, d'autant que Jahveh est supérieur à ce dieu. Ainsi, à l'origine, on ne tient pas compte du cérémonial.

L'endroit où doivent se faire les sacrifices n'a pas non plus grande importance aux yeux du premier législateur hébreu. De ce côté-là, la liberté la plus grande est laissée au peuple. Déjà, les patriarches élevaient des autels et sacrifiaient partout où ils se trouvaient (Gen. VII, 20, — XII, 17 — XXVI, 25, etc.). Moïse et Josué ne font pas autrement (Exode XII, 12 — XXIV, 4). Cette tradition se perpétue après eux ; ainsi, Gédéon bâtit un autel à Ophra et offre un sacrifice à Jahveh (Juges VI, 24). Il y a des autels à Silo, à Béthel. Samuel et Saül offrent des sacrifices à la fois à Rama et à Mitspa (1 Sam. VII, 9 — X, 8 — XV, 33). Ces coutumes subsistent, et ne disparaissent pas même avec la construction du temple de Salomon.

On sacrifiait presque toujours sur des lieux élevés (*bamoth*), naturels ou artificiels. Ce culte se maintint longtemps, même après la construction du temple. Ainsi, Élie rétablit l'autel du mont Carmel et y offre des sacrifices ; il se plaint même de ce qu'on a détruit tant d'autels affectés au culte de Jahveh (1 Rois XIX, 10). Dans Ésaïe, ch. XIX, v. 18 suiv., l'écrivain sacré exprime l'espoir que les Égyptiens se convertiront à Jahveh et lui élèveront un autel dans leur pays. En d'autres termes, l'unité de sanctuaire est loin d'être faite.

Mais revenons à l'époque qui nous occupe et examinons les quelques lois cérémonielles contenues dans le livre de l'Alliance. Après avoir, par l'organe de Moïse, transmis à son peuple les dix commandements, Jahveh ajoute : Vous ne ferez point des dieux d'argent et des dieux d'or pour me les associer. Tu m'élèveras un autel de terre, sur lequel tu offriras les holocaustes et tes sacrifices d'actions de grâces, tes brebis et tes bœufs..... Si tu m'élèves un autel de pierre, tu ne le bâtiras point en pierres taillées, car en passant ton ciseau sur la pierre, tu la profanerais. » (Ex. XX., 23-25). Voilà une déclaration importante, et qui jette un jour nouveau sur la question que nous traitons. Qu'on remarque d'abord le commencement. Avec quel soin jaloux l'Eternel rappelle à son peuple qu'il doit l'adorer à l'exclusion de tous les autres dieux, et se garder de lui substituer une divinité de bois ou de pierre ! C'est que la grande affaire pour le législateur est avant tout d'extirper le polythéisme et de le remplacer par l'adoration d'un Dieu unique. Son entreprise est considérable ; aussi est-il loin de songer au rituel et à la centralisation du culte. Le passage que nous avons cité le prouve clairement. Il est évident, d'après Wellhausen, que l'autel dont nous avons ici la description n'est ni l'autel du tabernacle, construit en bois et recouvert d'airain, ni celui du temple de Salomon, muni d'un escalier et d'une galerie courante à mi-hauteur. Ce qui est plus évident encore, c'est qu'il n'est pas question ici d'un lieu unique ; l'expression *en quelque lieu* prouve suffisamment le contraire, sans compter que les matériaux des autels sont assez différents, ils ont assez de variété pour indiquer qu'il n'entre pas dans l'esprit du législateur de concentrer le culte en un seul lieu. Le passage ne peut s'expliquer autrement, en dépit des efforts qu'on a faits pour l'accorder avec la législation postérieure. Cet ancien usage de sacrifier partout où l'on se trouve est, d'ailleurs, beaucoup plus conforme à l'esprit du mosaïsme ; de plus, il était très légitime, car il répondait à un besoin religieux indéniable. La liberté absolue touchant les lieux de culte ne peut être considérée comme une preuve d'infériorité du mosaïsme : il est naturel que l'homme exprime à Dieu ses sentiments d'adoration et de reconnaissance partout où il se trouve. C'est ce qui a fait qu'Ewald n'a pu résister au désir d'opérer un rapprochement entre Exode XX, 24, et la parole évangélique : « Là où deux ou trois sont assemblés en mon nom, je suis au milieu d'eux. » (1)

Les autres lois contenues dans le livre de l'Alliance sont relatives à la liberté et à la vie (ch. XXI), à la propriété et aux mœurs (ch. XXII). Les premières sont empreintes d'un profond sentiment d'équité, excepté pour tout ce qui touche aux esclaves ; dans les autres, Jahveh rappelle à son peuple qu'il doit lui offrir les prémices de la moisson et les premiers-nés. Sur le culte, le code est très sobre de détails ; tout ce qu'il dit des sacrifices est exposé dans quelques versets du chap. XXIII. Il ne faut pas offrir avec du pain levé le sang de la victime sacrifiée à l'Éternel, et sa graisse ne doit pas être gardée jusqu'au matin. On apportera à la maison de l'Éternel, les prémices des fruits de la terre. On ne doit pas faire cuire un chevreau dans le lait de sa mère, (Ex. XXIII, 18-20). Ce sont là toutes les prescriptions concernant les sacrifices que renferme le livre de l'Alliance. C'est peu de chose, mais nous l'avons dit, ce petit code n'est pas essentiel pour la matière qui fait l'objet de notre étude. Si ces lois parlent peu des cérémonies du culte, par contre, elles sont très riches en préceptes moraux. Cela cadre bien avec le but de l'auteur.

En résumé, jusqu'ici nous n'avons rien trouvé qui donne une idée claire et nette de ce que furent les sacrifices des Hébreux. Pour les patriarches, ils ne sont qu'une occasion de rendre grâces à la divinité des biens qu'elle leur accorde, ou d'en solliciter d'autres. Ici, dans les quatre chapitres du livre de l'Alliance, le culte n'est pas organisé

____

(1) Ewald, *Alterthümer des Volkes Israël*, p. 125.

d'une façon aussi rigoureuse qu'il le sera plus tard. Ce n'est qu'avec la centralisation du culte, centralisation que le Deutéronome recommande de toutes ses forces, que la notion des sacrifices prendra de la consistance, de l'originalité et se distinguera de celle des autres peuples de l'antiquité. Nous pouvons dire que jusqu'ici, la pratique des sacrifices repose sur les traditions transmises par les ancêtres du peuple hébreu ; le culte est encore loin d'être érigé en système, il est empreint d'une certaine naïveté ; on se préoccupe surtout de la quantité et de la qualité des offrandes. Il faut reconnaître pourtant que Moïse a donné à Israël une conception plus élevée du sacrifice. Nous en avons pour preuve l'institution de la fête de Pâques, qui commence avec la consécration des premiers-nés. Le mot *phesach*, qui désigne la pâque, vient d'un verbe *phasach*, qui signifie *passer*, *épargner* : par suite indulgence, et sacrifice pour obtenir l'indulgence en faveur du peuple. (Ex. XII, 27). Mais il n'entre pas encore dans l'esprit du peuple qu'un sacrifice puisse réparer une faute, au préjudice porté à la grandeur de Jahveh.

CHAPITRE III

Le document dont nous venons de parler est le plus
ancien code de lois de l'Ancien Testament ; il appartient
au fragment jahviste, et sa rédaction remonte, autant qu'il
est permis de la fixer, au IXe siècle avant Jésus-Christ.
Partant de ce point, examinons ce qu'ont pensé du culte,
et particulièrement des sacrifices, les juges et les prophètes
qui ont vécu avant la mise au jour du Deutéronome, sous
le règne de Josias.

Disons-le tout de suite : rien pendant cet espace de
temps, ne prouve que la loi dite mosaïque, celle du Lévitique et des Nombres fût connue des Israélites ; en d'autres termes, les cérémonies du culte ne sont pas systéma-
tisées, ce qui est la preuve du peu d'importance qu'on y
attache. L'idée première contenue dans le sacrifice, celle
d'un don présenté à la divinité pour se concilier sa faveur,
ou appuyer une demande, cette idée subsiste toujours
(Juges III, 19 — 1 Sam. X, 27. — 1 Rois, V, 1). Quant à
la façon dont doit se faire le sacrifice et à son contenu, il
n'en est pas question ; il faut seulement que l'offrande ait
une valeur réelle et soit la possession de celui qui l'offre.

Ce qu'on présente surtout à la divinité, ce sont des mets ; c'est un repas qu'on prépare en son honneur. Dans le Code sacerdotal, et aussi dans le Deutéronome, le sacrifice a une importance beaucoup plus considérable ; aussi le législateur y insiste-t-il plus que sur les autres cérémonies du culte.

Cela dit, examinons la question dans ses détails, en allant directement aux sources, c'est-à-dire aux livres. Consultons d'abord les Juges. Ils donnent clairement à entendre que la grosse affaire dans le culte, c'est d'offrir des sacrifices, mais ils ne se préoccupent que d'une chose, à savoir s'ils sont offerts à Jahveh et non pas à un autre dieu ; le rituel les laisse indifférents. Le culte n'est pas non plus centralisé, tant s'en faut. « A la fin de l'his- « toire de Josué (chap. XXII, 11), dit M. Reuss, il est « question d'un mouvement d'indignation générale et « d'une menace de guerre civile, parce que trois tribus « avaient osé bâtir un autel spécial pour elles. Le livre des « Juges atteste que de pareils scrupules ne vinrent plus à « personne après les temps légendaires de Moïse et de « Josué. Il raconte avec complaisance que Gédéon fit des « sacrifices dans son village (VI, 24 ; VIII, 27). L'Assem- « blée nationale est inaugurée par un sacrifice à Mitopa « (XX, 1). En même temps on en offre à Bétel (XX, 26), « et l'on y construit un autel..... Dans aucune de ces occa- « sions il n'est question du tabernacle, on mentionne « seulement une fois l'arche à Bétel et une *maison* de Dieu « à Silo. La loi veut que les sacrifices soient faits par des « prêtres, et pas même par de simples lévites. Or, dans « tout le livre des Juges, ce sont des laïques qui sacrifient, « et seulement dans l'appendice il est parlé de deux « lévites, dont l'un fait des fonctions de prêtre (ch. XVII,

« 7 ; XVIII, 4, 20), et encore ce dernier était un petit-fils
« de Moïse » (1). Une autre preuve du peu d'importance
qu'on attache aux cérémonies qui accompagnent les sacrifices, nous est donnée par le sacrifice de Gédéon à Ophra
(Juges VI, 19-21). Gédéon cuit un chevreau et grille des
pains azymes ; il met ensuite la viande dans une corbeille
et le jus dans un pot, puis il livre le tout à la flamme. Cette
indifférence vis-à-vis du rituel montre bien que les lois du
Pentateuque ne sont pas encore connues, et que chacun
sacrifie à sa manière, ne se gardant que d'une chose,
c'est de sacrifier à un Dieu autre que Jahveh. Il en sera
autrement lorsque l'unité de culte sera un fait accompli.

Ces deux faits, centralisation du culte et rituel des sacrifices sont inséparables l'un de l'autre, il est donc de la
dernière importance de constater les évolutions parallèles
qu'ils accomplissent. Ce n'est, en effet, qu'avec la centralisation progressive du culte, que la notion des sacrifices
prend de la consistance, que les cérémonies passent à
l'état de lois, et qu'on y attache une idée d'expiation. Tant
que cette centralisation n'est pas opérée, il est impossible
qu'on ait un système bien rigoureux sur ce qui regarde
les sacrifices, car ceux-ci ne sont encore qu'individuels.
Une preuve bien frappante de ce que nous avançons-là,
c'est que dans le livre des Juges, qui, nous l'avons vu, ne
connait pas l'unité de culte, non-seulement le rituel est
différent de celui qui est prescrit par le Lévitique, mais
encore on ne distingue pas les pratiques légitimes de celles
qui ne le sont pas.

Ce que nous disons du livre des Juges, nous pouvons
le dire aussi de ceux de Samuel. Que voyons-nous du temps

(1) Reuss, *Introduction au Pentateuque*, p. 140.

de ce prêtre-prophète? Il y a bien, il est vrai, un sanctuaire à Silo, où Samuel, sans être descendant d'Aaron, exerce les fonctions de grand prêtre, et qui pourrait faire supposer que le culte est déjà centralisé; mais il n'en est rien. Silo est tout au plus un endroit de pèlerinage, un lieu de culte plus estimé que les autres, un *primus inter pares*, pourrait-on dire. Il y a aussi des sacrifices à Béthel (1 Sam. X, 3), à Rama (VII, 17 — IX, 12), à Nob. (XXI, 2 — XXII, 19). Il est même dit que dans ce dernier endroit, il y avait une table et des pains consacrés. Voilà pour l'unité de culte. Quant au rituel des sacrifices, il n'y a qu'à lire le passage 1 Sam. II, 12-18, pour se convaincre qu'il est essentiellement différent de celui que prescrit le code sacerdotal. « Lorsque quelqu'un offrait un sacrifice, y est-il dit, le serviteur du prêtre arrivait au moment où l'on faisait cuire la chair. Tenant à la main une fourchette à trois dents, il piquait dans la chaudière, dans le chaudron, dans la marmite, ou dans le pot; et tout ce que la fourchette amenait, le prêtre le prenait pour lui..... Même avant qu'on fit brûler la graisse, le serviteur du prêtre arrivait et disait à celui qui offrait le sacrifice : « Donne pour le prêtre de la chair à rôtir; il ne recevra de toi point de chair cuite, c'est de la chair crue qu'il veut. » Et si l'homme lui disait : « Quand on aura brûlé la graisse, tu prendras ce qui te plaira, » le serviteur répondait : « Non, tu donneras maintenant, sinon je prends de force. » Entre autres particularités, nous voyons que le sacrifice n'est ici qu'un repas préparé et pris en l'honneur de Jahveh.

David fait dresser une tente pour y recevoir l'arche sainte. Il fait enlever le meuble sacré de l'endroit où il était déposé, et, pendant le trajet, ce ne sont que danses, sacrifices à tout propos ; mais nulle part la tente où l'on dépose l'arche n'est considérée comme le tabernacle où habite Jahveh. Le roi et sa famille ne se gênent pas pour sacrifier à Bethléem (1 Sam. XX, 6, 29), à Hébron (2 Sam. v, 3), sur le mont des Oliviers (2 Sam. XV, 32). Quant à Salomon, outre qu'il offre des sacrifices en beaucoup d'endroits, il lui arrive quelquefois de les présenter à d'autres dieux qu'à Jahveh (1 Rois XI, 7).

Si nous consultons les prophètes du viiie et du viie siècle, nous sommes frappé du peu de cas qu'ils font de la loi dite mosaïque ; ils ne la nomment même pas, le nom de Moïse lui-même est passé sous silence. Ainsi, en parlant de la sortie d'Egypte, Osée se contente de dire qu'elle eut lieu sous la conduite d'un chef établi par Jahveh (Osée, XII, 14). En général, les prophètes parlent de l'histoire antérieure d'Israël, parfois en des termes pompeux, mais pour des lois cérémonielles, surtout des lois écrites, il n'en est pas question.

Les prophètes qui vivent à cette époque livrent une guerre acharnée au culte qu'ils trouvent trop formaliste, trop souvent confondu avec la religion morale. Les pratiques extérieures tiennent une trop grande place dans la vie religieuse du peuple d'Israël et sont souvent une cause de scandale. Les déclarations des prophètes pourraient donner à croire que le Code sacerdotal, qui ne manque pas de minutie, et insiste surtout sur les pratiques religieuses, que ce code-là fût connu à l'époque où ils écrivent. « Mais, dit Wellhausen, l'importance donnée au culte ne vient pas de l'opinion que ses éléments remontassent à Moïse ou à Jahveh lui-même, qu'ils conférassent à la théocratie son caractère distinctif et fissent d'Israël un peuple à part ; ce que l'on croit, c'est que

Jahveh doit recevoir de ses adorateurs les mêmes honneurs que les autres divinités obtiennent de leurs fidèles. C'est une affaire à la fois de quantité et de qualité : l'observation minutieuse d'un cérémonial, émané de Jahveh lui-même, ne préoccupe pas le fidèle. Aussi les prophètes peuvent-ils demander si Jahveh a jamais donné l'ordre de se plier à de pareilles cérémonies, ce qui suppose l'absence de commandements relatifs à cet objet et l'ignorance d'une loi dont le contenu aurait les rites pour objet (1). »

C'est Amos surtout qui s'élève avec force contre la confusion qu'on est trop porté à faire du culte et de la religion :

> Allez à Béthel, et péchez !
> Allez à Guilgal et péchez davantage !
> Offrez vos sacrifices chaque matin,
> Et vos dîmes tous les trois jours !
> Faites vos sacrifices d'actions de grâces avec du levain !
> Proclamez, publiez vos offrandes volontaires !
> C'est là que vous aimez, enfants d'Israël,
> Dit le Seigneur, l'Éternel (2).

Il est évident que si le culte avait été une institution de Jahveh, il ne serait jamais venu à l'esprit du prophète de le critiquer avec une ironie si mordante. Si la loi lévitique avait été appliquée à cette époque, il ne serait pas question, par exemple, de sacrifices faits avec du levain : la loi est bien trop formelle à cet égard. Ce qu'Amos critique, ce sont les pratiques, trop extérieures, de son temps. Son livre abonde en déclarations analogues à celle que nous avons citée ; en voici une autre non moins catégorique :

(1) *Revue de l'Histoire des Religions*, t. II, p. 30.
(2) Amos, IV, 4-4.

> Quand vous me présentez des holocaustes et des offrandes,
> Je n'y prends aucun plaisir ;
> Et les veaux engraissés que vous sacrifiez en actions de grâces,
> Je ne les regarde pas :
> Eloigne de moi le bruit de tes cantiques ;
> Je n'écoute point le son de tes luttes
> Mais que la droiture soit comme un courant d'eau,
> Et la justice comme un torrent qui jamais ne tarit.
> M'avez-vous fait des sacrifices et des offrandes
> Pendant les quarante années du désert, maison d'Israël (1)?

Ces derniers mots sont caractéristiques. Evidemment Amos reproduit là les idées courantes ; sa polémique a pour fondement cette considération, à savoir *que le rituel des sacrifices et du culte en général, n'est pas d'origine mosaïque.* Cette base, pour être solide, ne doit pas être une opinion personnelle du prophète, mais une idée partagée par tous ses contemporains.

Le témoignage des autres prophètes, Osée, Esaïe, Michée, n'est pas moins concluant. Osée reproche aux prêtres de s'occuper trop des sacrifices et pas assez de la Thora (2), cette Thora que Jahveh leur a pourtant si expressément recommandé d'enseigner et qui tombe dans l'oubli. Ecoutons-le exhaler ses plaintes : « Mon peuple

______

(1) Amos, V, 22, suiv.

(2) La présence de ce mot, qu'on traduit généralement par *loi*, a fait croire à quelques uns que la loi dite mosaïque était bien connue à cette époque, et que c'est elle qui est désignée ici. M. Reuss reconnaît « que dans le langage des derniers siècles du judaïsme, cette signification a été acceptée pour désigner la loi du Sinaï; mais, ajoute-t-il, cette signification est étrangère à l'ancienne littérature hébraïque. La notion inhérente au mot *thora* est celle d'une instruction quelconque, et de nombreux passages prouvent avec la dernière évidence que cette notion était présente à l'esprit des prophètes qui se servent du mot. Le verbe *horah*, d'où le substantif est dérivé, signifie partout *instruire*, et nulle part *légiférer.* » (Reuss, Introduction au *Pentateuque*, p. 148).

périt faute de connaissance, car vous méprisez la connaissance ; aussi je veux jeter à mon tour l'opprobre sur vous. Vous avez oublié la Thora de notre Dieu ; pour ma part, je veux vous oublier. » On ne dira pas, après une déclaration si formelle, que les prophètes combattent contre la loi ; ils trouvent, au contraire, que la loi que les prêtres sont chargés d'enseigner n'est pas observée. Il est vrai que cette loi n'a rien à faire avec le culte ; c'est avant tout une loi morale. Ailleurs, ch. VI, v. 6, Osée s'écrie :

> J'aime la piété et non les sacrifices,
> Et la connaissance de Dieu plus que les holocaustes.
> Israël a multiplié les autels pour pécher
> Et ces autels l'ont fait tomber dans le péché.
> Que j'écrive pour lui toutes les ordonnances de ma loi,
> Elles sont regardées comme quelque chose d'étranger.
> Ils immolent des victimes qu'ils m'offrent,
> Et ils en mangent la chair :
> L'Éternel n'y prend point de plaisir.

Ce passage, mal compris ou mal étudié, pourrait faire croire qu'Osée connaissait quelques-unes des prescriptions rituelles du Pentateuque. Pourtant, il n'en est rien.

Le prophète constate seulement le fait suivant, contre lequel il s'élève : au lieu d'observer la loi, les Israélites offrent des sacrifices. Il ne peut être question des lois cérémoniales du Pentateuque, car nous ne sachions pas que nulle part dans les premiers livres de l'Ancien Testament, loi et sacrifices soient incompatibles, que l'un des deux éléments ne contienne pas l'autre, et que le premier n'éveille dans l'esprit du rédacteur ou du compilateur des lois du Pentateuque, l'idée du second. Un petit détail qui vous confirmera dans cette opinion, c'est qu'il est dit que la chair des sacrifices sert de nourriture ; or, à part quelques exceptions, comme le sacrifice de prospérité (le seul, avec l'holocauste, qui ait toujours fait partie du culte israélite), les sacrifices réglés par les lois du Lévitique et des Nombres, ne sont pas, tant s'en faut, des repas.

Poursuivons l'interrogatoire des prophètes. Voici Esaïe qui, dans un passage qu'on pourrait appeler classique, (ch. I, 11 suiv.), s'efforce de montrer que les cérémonies sont inutiles comme expression de la religion.

> Qu'ai-je affaire de la multitude de vos sacrifices? dit Jahveh.
> Je ne prends point plaisir au sang des taureaux, des brebis et des boucs.
>   Quand vous venez vous présenter devant moi,
>   Qui vous demande de souiller mes parvis?
>   Cessez d'apporter de vaines offrandes......

Et Michée (ch. VI, 6 suiv.) :

> Avec quoi me présenterai-je devant Jahveh?
> Me présenterai-je avec des holocaustes?
> Donnerai-je pour mes transgressions mon premier-né,
> Pour le péché de mon âme le fruit de mes entrailles?
> On t'a fait connaître, ô homme, ce qui est bien......

Remarquez ces derniers mots : « on t'a fait connaître ». Puisque ce qui est bien n'est pas d'offrir des sacrifices retentissants, ce n'est pas la loi du Pentateuque qui a instruit les Israélites et leur a recommandé « de pratiquer la justice, d'aimer la miséricorde et de marcher humblement devant Dieu. »

Cette unanimité des prophètes du temps à condamner les pratiques du culte prouve clairement une chose, c'est que la loi n'est pas encore formulée comme elle le sera plus tard, autrement ils auraient été les premiers à s'y conformer. Ce qu'ils recommandent n'est pas inconnu aux Israélites : ils le déclarent dans plus d'un endroit ; or, ils repoussent le sacrifice ou tout au moins la façon dont il est accompli. Donc, le sacrifice n'était pas l'élément principal de la loi de Jahveh ; par suite, cette loi n'est pas celle du Pentateuque. Cela revient à dire que la notion des sacrifices n'a pas encore reçu une forme systématique.

CHAPITRE IV

Les phases successives du développement du culte chez les Israélites marchent de pair avec l'histoire politique de ce peuple ; elles s'engrènent, pour ainsi dire, dans les événements du temps, de sorte qu'il est utile, nécessaire, de signaler ceux-ci pour comprendre celles-là. Aussi bien nous arrivons à une époque où l'histoire d'Israël prend une importance très grande et présente un puissant intérêt ; nous ne croyons pas sortir du champ de notre étude en la suivant pas à pas.

Parmi les prophètes du viie siècle, nous n'avons pas encore mentionné Jérémie. Sa personnalité et le rôle qu'il a joué ont pourtant trop d'importance pour être passés sous silence. Il vivait à l'époque de Josias, c'est-à-dire vers 630 av. Jésus-Christ ; il exerçait son ministère au moment où se produisit la réforme à laquelle le nom de Josias est attaché. Mais ici encore, il faut parler des événements qui précédèrent et préparèrent cette importante réforme religieuse.

Déjà, sous Ézéchias, il y avait eu un essai de réforme qui nous est raconté par le second livre des Rois. On détruisit les *bamoth*, les idoles et le serpent d'airain dressé par Moïse (2 Rois XVIII, 4). Ezéchias purifia le temple et rétablit le culte (2 Chron. XXIX, 7). Il fut poussé à cette mesure par le caractère de plus en plus dissolu des habitudes des prêtres et par le peu d'autorité dont jouissait le culte du temple de Jérusalem, qui, en cela, n'était pas plus pur que celui de Béthel et des autres sanctuaires israélites. On voit poindre là un essai de centralisation du culte.

Mais cela ne pouvait suffire. Malgré le changement qu'elles opérèrent, les réformes d'Ezéchias n'étaient pas capables de soulever un grand mouvement de l'opinion en leur faveur : elles étaient trop extérieures. Celles qui se produisirent sous Josias, grâce à l'influence des événements politiques, achevèrent l'œuvre d'Ezéchias.

Pendant que le roi de Médie assiégeait Ninive, la capitale du vaste empire assyrien dont la chûte ne devait pas longtemps se faire attendre, les Scythes envahirent son pays avec des forces considérables. Le roi fut obligé d'abandonner le siège pour aller défendre son royaume. Ces mêmes Scythes, qui sont souvent désignés dans les livres saints par les noms de Gog et de Magog, repoussés de la Médie, envahirent la Palestine en 626, pendant la treizième année du règne au roi Josias. Le royaume de Juda dut à des circonstances heureuses d'être épargné, et les prophètes en profitèrent pour adresser des reproches au peuple. A la suite de ces circonstances, le parti réformateur, appuyé par Josias, triompha.

La dix-huitième année du règne de ce prince, est-il raconté dans 2 Rois XXII. 8-10, le prêtre Hilkija découvrit le livre de la loi dans la maison de l'Eternel. Ce livre n'était autre chose que le Deutéronome, moins les quatre premiers chapitres, qui servent d'introduction, et la fin, à partir du chapitre XXVI. Il est l'œuvre du parti réformateur ; s'il est mis sous le nom de Moïse, c'est pour l'appuyer d'une autorité capable d'en faire observer les ordonnances. Cette coutume de faire remonter leur histoire aux temps les plus reculés est chère aux Hébreux.

Malgré la réforme accomplie, Jérémie n'était pas satisfait. Pendant que la plupart des citoyens se réjouissaient, et que la théocratie, telle que l'avaient rêvée les prophètes, semblait prendre pied, le prophète des Lamentations ne partageait pas l'enthousiasme général. Il ne cesse de tonner contre l'idolâtrie, il engage fortement le peuple à ne pas se fier aux apparences d'une sécurité trompeuse ; il prévoit de grands malheurs qu'il faut prévenir, en réformant le culte tout entier. Ce qui est fait ne suffit pas ; que sera-ce, si, trop confiants en l'efficacité de leurs réformes, les citoyens s'endorment, et, faute de vigilance, laissent les anciennes pratiques s'acclimater de nouveau dans le culte ? Jérémie envisage les choses froidement ; c'est un esprit pratique, moins idéaliste que les autres prophètes. Du reste, les événements justifièrent pleinement sa façon d'agir. Son caractère explique le langage sévère qu'il tient au peuple ; il fait du rituel tout aussi peu de cas que ses prédécesseurs. Le culte du cœur seul a de la valeur auprès de Dieu (III, 16 — IV, 4), ce qui ne veut pas dire que l'autre soit abrogé. C'est là, du reste, l'esprit dans lequel est écrit le Deutéronome qui ne donne pas un exposé systématique du culte, une théorie des sacrifices, mais qui ne connaît en fait de ces derniers, que ceux offerts volontairement, spontanément, par des individus qui veulent par là manifester leurs sentiments religieux. Le passage capital de Jérémie, touchant le sujet qui nous occupe, est au chap. VII, v. 21 suiv.

Après avoir opposé la Thora au culte (VI,9), le prophète s'exprime de la manière suivante :

> Ainsi parle l'Eternel des armées, le Dieu d'Israël.
> Ajoutez vos holocaustes à vos sacrifices,
> Et mangez-en la chair !
> Car je n'ai point parlé avec vos pères et je ne leur ai donné aucun ordre,
> Le jour où je les ai fait sortir du pays d'Egypte
> Au sujet des holocaustes et des sacrifices,
> Mais voici l'ordre que je leur ai donné :
>
> .   .   .   .

Que veut-on de plus explicite? Ce passage démontre péremptoirement que la loi rituelle, en particulier celle des sacrifices, n'a pas encore reçu sa forme définitive, autrement Jérémie ne la laisserait pas de côté comme il le fait, lui, un prêtre, dont la fonction consistait surtout à respecter la loi et à la faire respecter aux autres. Quand il fait dire à Jahveh : « Je n'ai rien dit à vos pères, je ne leur ai donné aucun ordre, lorsque je les ai tirés du pays d'Egypte, à l'égard des holocaustes et des sacrifices d'actions de grâces, » le peuple n'aurait eu qu'à lui mettre le code lévitique sous les yeux pour le démentir. Et il ne le fait pas ; c'est la preuve qu'il n'existait pas encore un code rituel imposé.

Le Deutéronome s'attache surtout à montrer la nécessité d'un seul lieu de culte. Il débute bien, comme l'Exode, par donner des instructions générales sur le service de l'autel, mais, tandis que l'Exode admet la pluralité des sanctuaires, il insiste avec force sur leur unité : « Garde-toi, dit-il, d'offrir tes holocaustes dans tous les lieux que tu verras ; mais tu offriras tes holocautes au lieu que l'Eternel choisira dans l'une de ses tribus, et c'est là que tu feras ce que je t'ordonne. » (ch. XII, v. 13,14). — Le verset 8 du même chapitre contient une déclaration remarquable : « Vous n'agirez pas, y est-il dit, comme nous le faisons maintenant ici, où chacun fait ce qui lui semble bon, parce que vous n'êtes point encore arrivés dans le lieu du repos que l'Eternel a choisi.....» Qu'est-ce à dire, sinon que le culte n'est pas encore centralisé, qu'il n'y a pas de loi réglementant les cérémonies, mais que cela est sur le point de se faire? On peut dire que le Deutéronome forme la transition entre l'écrit jahviste (c'est-à-dire le livre de l'Alliance, et en général la période ante-prophétique) et l'écrit élohiste, le Code sacerdotal. On ne peut l'attribuer ni à l'écrivain jahviste ni à l'élohiste, il est à part. Aussi celui qui l'a rédigé porte-t-il un nom spécial ; il est désigné sous le nom de Deutéronomiste. Tout, dans ce livre, porte l'empreinte des événements politiques qui eurent lieu lors de sa composition : ton polémique, réformateur, attaques incessantes contre l'ordre de choses établi, etc. La date de sa composition ne peut être placée qu'à une époque remplie de luttes et de troubles, comme le fut celle de Josias. Que si, d'autre part, une loi réglant les cérémonies du culte et des sacrifices comme le fait le Code sacerdotal, eût existé à cet époque, le Deutéronome ne s'attaquerait pas avec autant d'acharnement à ces pratiques surannées qu'il est temps que le peuple d'Israël abandonne. On sent, d'un bout à l'autre du livre, le besoin qu'éprouve l'auteur de se présenter comme un réformateur radical, bouleversant tout, défendant ce qui avait été permis jusqu'alors, et parfois permettant ce qui était défendu. « C'est ainsi que s'expliquent l'autorisation de *tuer* sans *sacrifier* et cela en tout endroit, l'indication de villes d'asile déterminées pour les gens poursuivis sans raison, afin d'éviter que la suppression des autels n'entrainât celle des refuges (Exode XXI, 13,14 — 1 Rois II, 28), l'intérêt qu'il voue aux prêtres desservants des sanctuaires supprimés, la recommandation qu'il fait aux gens des provinces d'emmener avec eux ces prêtres dans leurs pèlerinages, etc., (1). »

Les sacrifices dont parle le Deutéronome ne sont que de deux sortes : l'holocauste, qui est brûlé entièrement sur l'autel, et l'immolation de la victime au lieu saint, qui est ordinairement suivie d'un festin de famille. Ce dernier élément est parfois le principal ; le législateur s'y arrête avec complaisance, et cela lui fournit l'occasion de recommander la charité envers les nécessiteux. Tous les sacrifices sont individuels ; il n'entre pas encore dans l'esprit du peuple d'Israël d'organiser de ces grandes manifestations publiques de repentir, comme le jour des expiations. Nous verrons, en parlant du Code sacerdotal, la différence capitale qui existe sous ce rapport entre son point de vue et celui du Deutéronome.

Avant d'aborder un nouveau chapitre très important, où nous verrons la notion des sacrifices, transformée entièrement, se présenter à nous sous un aspect tout à fait nouveau et intéressant, nous devons jeter un coup-d'œil sur le chemin parcouru et résumer en quelques mots ce que nous avons dit, afin de bien savoir où nous en sommes. Nous dirons donc que de tout temps il y a eu des sacrifices en Israël, mais que, tout en y attachant une assez grande importance, les Israélites n'y voyaient qu'une coutume transmise par leurs ancêtres et qu'ils se croyaient obligés de continuer. Mais il n'y a là (et ce

____

(1) Wellhausen, *Revue de l'Histoire des Religions*, t. I, p. 70.

point est important à noter) absolument rien de systématique, autrement dit, on n'y attache aucune idée d'expiation, la notion du péché en est encore absente. L'idée
qu'on se fait d'abord du sacrifice est celle d'un don présenté à la divinité pour s'attirer ses faveurs, pour se
concilier ses bonnes grâces, ou pour appuyer une
demande. C'est pourquoi la façon dont le sacrifice doit
être accompli n'est pas stipulée ; ce dont on se préoccupe
c'est de la qualité et de la quantité des offrandes et de
leur valeur ; ce qu'il faut surtout, c'est qu'elles soient la
propriété de celui qui les apporte à l'autel, car, nous le
répétons, le sacrifice doit coûter quelque chose, il doit
être une privation pour celui qui l'offre, sans quoi il
court le risque de n'être pas accepté par la divinité. Les
sacrifices ne sont encore que des repas préparés sur l'autel, en l'honneur de Jahveh. Au temps de l'exil, ils vont
avoir une signification bien plus rigoureuse, leur rituel
va être réglé avec un soin excessif.

CHAPITRE V

La religion prêchée par les prophètes était trop spiritualiste, elle apportait de trop grands changements à l'ordre de choses établi, pour pouvoir exercer quelque influence sur la masse du peuple ; tout au plus pouvait-elle être comprise par l'élite de la nation. Aussi, les efforts d'Amos, d'Osée, de Michée, pour ramener la religion à des pratiques moins extérieures, restèrent-ils sans succès. C'est en vain que Jérémie exhorta ses concitoyens, en leur faisant de sombres peintures de l'avenir, à se préoccuper un peu plus du culte spirituel de Jahveh. Il était dit que la religion israélite devait se codifier de plus en plus et en arriver à des formules au delà desquelles il n'y avait rien à chercher. C'est ce qui arriva avec l'exil.

La transition entre le culte qui précède l'exil et celui qui le suit, est faite par Ezéchiel, contemporain de Jérémie, mais plus jeune que lui. Il envisage l'avenir avec terreur ; aussi sa prophétie n'est-elle pas plus populaire que celle de Jérémie. Dans le récit de sa vision, qui remplit les derniers chapitres de son livre, et où il trace

d'un façon si majestueuse et d'un ton si fortement inspiré l'avenir réservé au peuple d'Israël, on est étonné de
l'importance qu'il accorde au culte et au temple unique.
Quel brusque changement s'est donc opéré depuis l'exil!
Pendant que les autres prophètes se sont attachés à flétrir
le culte extérieur, Ezéchiel le préconise et a l'air de le
mettre au-dessus de tout! Que s'est-il donc passé? Est-ce
que les lois du Lévitique, jusqu'alors laissées dans l'ombre,
seraient revenues à la lumière? Il faut reconnaître l'influence incontestable qu'ont exercée les prophéties d'Ezéchiel sur la rédaction définitive du Code sacerdotal, mais
il n'est pas nécessaire de faire intervenir ce dernier pour
expliquer les paroles du prophète. Les événements religieux sont encore ici étroitement unis à l'histoire politique du temps. Avant la dispersion, lorsque les Israélites
étaient encore réunis autour du temple de Jérusalem, il
n'était pas besoin de codifier les actes du culte, on suivait la tradition des ancêtres et on la trouvait suffisante.
Si un membre de la communauté n'accomplissait pas les
actes religieux dans toute leur étendue, il y avait toujours
quelqu'un pour le rappeler à l'ordre. Mais le temple n'est
plus là; le personnel des prêtres est dispersé, de sorte
que les pratiques religieuses, transmises par les généra-
tions précédentes, courent le risque de s'effacer de la
mémoire des exilés, et d'être délaissées. Dans ces circonstances, on comprend qu'un prophète qui était prêtre
en même temps, et au courant des habitudes religieuses,
songeât à les codifier, afin que partout où ils seraient, les
enfants d'Israël pussent sacrifier selon le rite et offrir à
leur Dieu un culte tel qu'il l'avait réclamé de leurs pères.
Jusqu'alors, nous le répétons, on ne songe pas à codifier
et c'était inutile : l'absence d'un lieu de culte commun

suffit à expliquer les velléités de systématisation. On comprend aussi par là pourquoi certaines institutions, souvent délaissées ou pratiquées avec insouciance tant elles semblaient naturelles, se sont montrées tout d'un coup sous un jour si éclatant. Ainsi donc, il n'est pas nécessaire de faire intervenir le Code sacerdotal pour comprendre les paroles d'Ézéchiel.

Nous allons même plus loin : nous disons qu'Ézéchiel n'a pas connu les lois d'Exode-Lévitique-Nombres, et nous appuyons notre affirmation sur les déclarations du prophète touchant les sacrifices. Il mentionne le sacrifice journalier composé d'un agneau et les sacrifices à faire pendant les sept jours de la fête de Pâques et celle des Tabernacles ; à tous ces sacrifices, on doit joindre des offrandes de farine et d'huile, dont la quantité est déterminée (ch. XLV ; XLVI). Le Deutéronome n'entre pas dans tous ces détails, et le Code sacerdotal a des prescriptions notablement différentes. Mais voici une remarque plus importante encore. En fait de sacrifices, le Deutéronome ne connaît que l'holocauste et les sacrifices d'actions de grâces ; Ézéchiel mentionne deux autres sacrifices, ceux de péché et de délit désignés sous les noms de *chattaat* et de *asham* (ch. XLII, 13 ; XLIII, 19), mais il n'insiste pas sur le rite à observer ; c'est le Lévitique qui le fera. Ézéchiel modifie certaines prescriptions du Deutéronome, par exemple pour ce qui touche aux prêtres et aux lévites, dont il fait deux catégories distinctes, tandis que le Deutéronome ne les sépare pas. Désormais, les lévites ne pourront plus offrir des sacrifices, car, dit le prophète, ils sont livrés à l'idolâtrie. Le Deutéronome est donc antérieur à Ézéchiel, mais les lois d'Exode-Lévitique-Nombres n'ont pas encore été compilées de son temps.

On cherche à les faire passer à l'état de règles, mais leur codification n'est pas un fait accompli.

L'école critique moderne s'accorde généralement à placer la promulgation du Code sacerdotal sous Esdras, vers 444 avant Jésus-Christ. (Néh. VIII et suiv.) Nous acceptons pleinement ces données et nous partons de là pour étudier de plus près les lois du Lévitique et plus particulièrement celles qui ont rapport aux sacrifices.

Disons d'abord que d'un bout à l'autre, le Code sacerdotal, autrement dit l'écrit élohiste, suppose la concentration du culte en un seul lieu ; mais il n'en parle pas. On s'est appuyé là-dessus pour affirmer la postériorité de ce document relativement au Deutéronome, qui, comme nous l'avons vu, insiste beaucoup sur l'unité du culte. Mais ce dernier livre ne fait que réclamer la centralisation, tandis que le Code sacerdotal la suppose, comme cela se voit par la description qu'il fait du tabernacle. Le Deutéronome, écrit à une époque de luttes, se borne à demander des réformes ; quand le Code apparaît, ces réformes sont faites, les luttes sont terminées, il n'y a plus qu'à systématiser. Le Deutéronome envisage l'unité de sanctuaire comme un idéal auquel il faut atteindre, mais qui, en pratique, n'est pas absolument exigible. Le Code sacerdotal, au contraire, a besoin que cette unité soit réalisée, et c'est pour cela qu'il la fait remonter jusqu'aux temps les plus reculés de l'histoire d'Israël, et qu'il l'appuie sur l'autorité de Moïse. On peut donc dire que, si le Deutéronome marque la deuxième période de l'histoire du culte hébreu, la promulgation du Code sacerdotal en inaugure la troisième.

Nous avons reconnu que dans tous les livres de l'Ancien Testament qui ont précédé le Deutéronome, le rituel des sacrifices n'est pas décrit avec beaucoup de minutie ; par suite, l'idée qu'on attache à ces actes du culte n'a pas grande importance. Le Deutéronome lui-même n'y insiste pas beaucoup et ne parle que de deux espèces de sacrifices. Il en est autrement du Code sacerdotal : avec la systématisation du culte et des sacrifices va apparaître une idée qui, jusqu'ici, n'a pas joué un grand rôle : on attribuera aux sacrifices une vertu expiatoire.

Les efforts de Moïse et des prophètes avaient porté principalement sur un point : laissant de côté tout ce qui est extérieur, ils avaient essayé d'inculquer au peuple la notion du monothéisme. Y réussirent-ils toujours ? L'histoire montre que c'est seulement à l'époque d'Ezéchiel, en présence des malheurs qui les accablaient, que les Israélites renoncèrent définitivement au culte des faux dieux. Pour ce qui touche aux sacrifices, les prophètes n'exigent qu'une chose : c'est qu'ils soient offerts à Jahveh et non pas à une autre divinité. Le rite est chose tout à fait secondaire. Le sacrifice en lui-même n'est qu'un repas préparé en l'honneur de la divinité ; c'est souvent une occasion de réjouissances. La table est dressée à l'endroit même du sacrifice. A chaque « lieu élevé » de quelque importance, on sacrifie (I Sam. XIX, 22 — Jérémie XXV, 2). L'idée attachée à ces repas-sacrifices est celle d'une union par eux établie d'abord entre Jahveh et ses hôtes, et puis, entre ceux qui participent au repas. Cet état de choses dure jusque vers l'époque de l'exil.

Mais alors tout est changé. Nous avons vu que c'est Ezéchiel qui, le premier, fait mention des sacrifices expiatoires. Avant lui, nous ne trouvons qu'un passage (1 Sam. VI, 3-8) qui en parle, et encore s'agit-il plutôt d'une espèce d'amende que les Philistins crurent devoir payer au Dieu d'Israël pour faire cesser les plaies que le séjour de l'arche chez eux leur avait attirées. Chez Ezéchiel, il est question de véritables sacrifices pour le péché et le délit, de ceux qui sont désignés sous les noms de *chattaat* et de *asham*. Si les anciens Israélites ont attaché à leurs sacrifices une idée d'expiation, comme ils ne connaissaient que l'holocauste et le sacrifice de prospérité, l'expiation pour eux n'était pas un but ; elle n'était qu'accessoire.

Tandis que le rituel des sacrifices est tenu pour si peu de chose avant l'exil, voyez comme il en est autrement à partir de cette époque. Avec quel luxe de détails et quels raffinements de toute sorte le législateur se plaît, dans les premiers chapitres du Lévitique, à énumérer les différentes cérémonies qui doivent accompagner les sacrifices ! Tout y est réglé, on peut le dire, à la minute. L'encens prend une importance considérable ; il est mêlé à un grand nombre d'offrandes, celle des parfums ne peut être offerte que par le grand-prêtre, etc. Avant Ezéchiel, il n'est pas question de tout cela. Au lieu d'être offerte toute cuite à Jahveh, comme cela arrive, par exemple pour les sacrifices de Gédéon et d'Eli, la chair des victimes est livrée crue à l'autel. Wellhausen signala une nouvelle différence très importante : « En fait de sacrifices sanglants, dit-il, la pratique ancienne ne connaît que deux modes : le *ôlah* et le *zebach shelamim*. Dans le premier cas, la bête tout entière est mise sur l'autel ; dans le second, il revient à Dieu, en dehors du sang, une partie choisie, tandis que le reste de la chair est consommé par les convives. Or, en parcourant les exemples conservés dans les textes, on s'assure que presque toujours, l'offrande appelée *ôlah* est jointe aux *zebachim*. Cette remarque fixe la signification du mode en question : le *ôlah* n'est que la portion d'un sacrifice plus considérable, que l'on réserve à l'autel. De différence principielle entre les deux modes, il ne s'en présente point. » (1)

Le sacrifice perd aussi son caractère de repas solennel offert à Jahveh ; il en devient de plus en plus distinct. Les repas qui faisaient partie du sacrifice de prospérité et auxquels prenaient part les prêtres, sont remplacés par des impôts payés aux ministres de la religion ; une rigidité excessive s'empare de tous les actes du culte. Quiconque n'observe pas à la lettre les cérémonies telles qu'elles sont prescrites, encourt les châtiments les plus sévères ; encore n'est-il question que des péchés commis involontairement, car les autres sont punis de mort. Autrefois, on ne se réunissait jamais pour prendre en commun quelque nourriture, sans réserver la part de Jahveh, qui comprenait la graisse et le sang de l'animal ; aujourd'hui, les deux actes sont séparés : un repas n'est pas nécessairement accompagné d'un sacrifice, et réciproquement. La notion des sacrifices change donc du tout au tout. Tandis que les anciens Israélites se faisaient un Dieu à leur image, éprouvant les mêmes sentiments que les mortels, les Juifs de la dispersion, sous l'influence du rigide Ezéchiel, se le figurent inaccessible, tout-puissant, monarque absolu. A une notion différente de la divinité, correspondra une façon différente de comprendre les relations qu'on doit entretenir avec elle ; au lieu de la traiter en amie, de la recevoir comme un hôte qu'on est habitué à voir à sa table, on la considère, nous ne dirons pas comme une ennemie, mais comme une puissance dont

____

(1) *Revue de l'Histoire des Religions*, t. II, p. 35.

les forces dépassent de beaucoup les vôtres, et qui, le cas échéant, peut vous causer de graves préjudices. Dieu est prompt à la colère : il faut prévenir ses emportements, se faire humble devant lui, avoir le sentiment de sa faiblesse, et lui offrir des sacrifices en conséquence.

Il faut dire aussi que ce qui contribua beaucoup à changer l'idée de sacrifice et à en faire l'expression du sentiment du péché, ce fut la centralisation du culte. Tant que chaque famille eut pour lieu de culte son propre foyer, tant qu'elle put offrir des sacrifices dans sa maison, 'idée qu'elle se faisait de ces actes religieux ne pouvait être que ce qu'elle fut : une occasion de resserrer les liens qui l'unissaient à Jahveh. Mais il ne pouvait en être ainsi lorsque le culte fut centralisé à Jérusalem. Il devenait par là une manifestation religieuse, non pas seulement des individus, mais de la nation tout entière. Les usages du culte, transportés sur un autre terrain que celui où les avait pratiqués jusqu'alors, devaient forcément revêtir un autre caractère, et c'est ce qui arriva. Les repas-sacrifices n'existent plus dans le Code sacerdotal, du moins dans leur signification primitive, celle de montrer une fois de plus à la divinité qu'on ne l'oublie pas, mais que tout ce qu'on désire, c'est de conserver intacts les bons rapports qu'on entretient avec elle, et, si possible, de les resserrer.

Une institution qui date de l'époque dont nous parlons et qui montre bien le sens nouveau qu'on attache aux sacrifices, c'est le grand jour des expiations. Les documents antérieurs à l'exil n'en font pas mention ; Ezéchiel lui-même n'y insiste pas beaucoup (Ezéch. XVIII, 20). Il fut certainement inspiré par la catastrophe de l'exil, qui, en imprimant aux cœurs israélites le sentiment de la culpabilité, les poussa aussi à marquer dans l'année un jour où ils viendraient tous faire l'aveu public de leurs transgressions et les expier par des sacrifices. Ce jour était le dixième du septième mois ; ce devait être un jour de jeûne (1) et de repos. Le chapitre XVI du Lévitique raconte en détail toutes les cérémonies qui devaient être accomplies en ce jour mémorable. On voit que, d'après cette loi, le grand-prêtre seul, et seulement dans certaines circonstances, peut se mettre en la présence immédiate de Dieu. Pour ce faire, il devait offrir des sacrifices particuliers et revêtir un costume de lin. Les sacrifices consistaient en un taureau pour l'expiation et un bélier pour l'holocauste. Après s'être ainsi purifié lui-même, il fait expiation pour le peuple, et charge le bouc émissaire (Azazel) de tous les péchés d'Israël. Le sanctuaire et l'autel doivent aussi être purifiés, de telle sorte que ce jour est un jour de purification générale par la repentance et l'humiliation. C'est qu'Israël doit être pur et saint s'il veut conserver l'alliance de Jahveh. La loi prescrit bien des actes expiatoires pour les péchés individuels, mais cela ne peut suffire, il faut que la communauté tout entière confesse qu'elle a transgressé les ordres divins, et efface ses péchés par des sacrifices. C'est pour cela que fut institué le jour des expiations.

Dans cette troisième période de l'histoire du culte, le sacrifice est devenu un acte dépouillé de toute initiative individuelle, il devient le monopole de la communauté ; il n'est plus qu'un acte réglé d'une façon mathématique.

---

(1) Il faut remarquer que c'est la première fois qu'il est question de jeûne, à cause, sans doute, des sentiments d'humilité et de repentir qui, ce jour-là, devaient remplir tous les cœurs israélites.

Cela se comprend si l'on tient compte des circonstances politiques au milieu desquelles le Code sacerdotal a vu le jour, soit qu'il ait été la systématisation d'un culte existant déjà, soit qu'il ait été composé avec des éléments nouveaux apportés pour les besoins de la cause. Il fallait au peuple dispersé une règle de conduite, un recueil uniforme des lois du culte ; il fallait de plus que ce recueil mît entre les mains des préposés au culte le pouvoir d'en punir sévèrement les infractions et décourageât toute velléité de retour à l'idolàtrie. C'est dans ce but que fut composé le Code sacerdotal. Placé à une autre époque qu'à celle de l'exil ou à celle qui suivit immédiatement cette grande catastrophe, il n'a pas sa raison d'être.

Une autre cause qui dut pousser les prophètes de l'exil à rendre le culte plus rigoureux et plus uniforme, ce fut l'exil lui-même et les malheurs qu'il entraîna. Une réaction cléricale était inévitable, et nous voyons ce qu'il en fut avec Ezéchiel. Il fallait présenter au peuple dispersé les malheurs de l'exil comme un châtiment de Dieu, afin d'entretenir chez lui la foi en une restauration prochaine ; il fallait lui montrer que ces malheurs, il les avait bien mérités par sa conduite déréglée, son mépris des ordres de Jahveh. Maintenant Jahveh se venge de toutes les vexations qu'il a eu à subir. Que reste-il à faire ? Il faut revenir au vrai culte de l'Eternel, reconnaître les torts qu'on a eus envers lui et faire amende honorable.

C'est ainsi que s'introduit dans les sacrifices la notion de l'expiation. Jusqu'alors, nous l'avons vu, cette notion ne pouvait pas intervenir : l'antiquité hébraïque ne savait pas peser la colère divine à son juste poids, l'exil l'apprit aux Juifs.

Le verbe hébreu qu'on traduit par *expier* est *kaphar*

qui signifie proprement couvrir. Aussi Dieu déclare que le péché d'Eli ne sera pas couvert par des sacrifices. Quand Esaïe se croit perdu pour avoir, étant en état d'impureté, contemplé la face de Jahveh, un ange touche ses lèvres avec une pierre ardente et lui dit : « Ton iniquité est enlevée et ton péché est couvert. » (Esaïe, VI, 5-7). Nous pourrions multiplier les exemples à l'infini et les prendre même dans la haute antiquité ; par exemple, Jacob couvre de présents la face d'Esaü afin qu'il ne voie point sa faute.

Le péché a donc besoin d'être couvert aux yeux de Dieu. Par quels moyens le sera-t-il ? Par l'intercession d'un prêtre, par l'offrandes de sacrifices ou par le repentir. Mais il faut ici faire une différence entre les anciens documents et ceux qui sont plus récents. Pour les premiers, en effet, c'est le péché qui a besoin d'être couvert, pour les autres, ce sont les personnes qui se sont rendues impures par le péché. Et ce n'est plus Dieu qui les couvre, il est trop inaccessible pour cela, mais les prêtres, et les moyens qu'ils emploient à cet effet sont les sacrifices et surtout ceux ceux de péché et de délit. Ce sont là des déclarations formelles d'Ezéchiel et du Code sacerdotal ; voyez, par exemple, Ezéch. XLV, 15 — Lév. I, 4, — V, 6 — VII, 23, — X, 7, — XVII, 11. — Nomb. VI, — XVI, 46, etc. On voit par là que le mot expier, par lequel on traduit le verbe hébreu *kaphar*, fausse l'idée primitive qu'il exprime ; on est obligé de parler, même à propos du Code sacerdotal, de sanctuaires et d'autels pour lesquels il faut faire expiation, ce qui est une idée fausse, étrangère à l'Ancien Testament. Le sens qu'on peut donner à ce mot, est, croyons-nous, celui-ci : tout ce qui est présenté à Dieu doit porter le cachet de la sainteté, en vertu du commandement de l'Eternel : « Soyez saints, car je suis saint. » Maintenant, que l'idée de sainteté ait varié selon les époques, c'est ce qu'il est impossible de nier ; la notion de Dieu ayant subi des transformations, celle de sa sainteté devait forcément en subir. Mais cela ne fait que militer fortement en faveur de notre opinion, à savoir que, si le mot *kaphar* a signifié *couvrir*, pour les anciens israélites, il est inexact de le traduire par expier quand il s'agit des temps postérieurs.

Le Code sacerdotal parle du sang comme moyen d'expiation ; c'est le mode qu'il semble préconiser (Lév. XVII, 11). On s'est appuyé là-dessus pour dire qu'il ne pouvait y avoir expiation sans effusion de sang et cette idée a joué un grand rôle dans la dogmatique chrétienne. « Mais, dit M. Piepenbring, le texte n'est pas aussi absolu. Il dit bien que le sang sert à faire expiation : il ne dit pas qu'il y serve seul. Et même, s'il le disait, nous n'aurions là que le point de vue du Code sacerdotal et non celui de l'Ancien-Testament en général ; car nous avons appris à connaître d'autres moyens expiatoires. Mais ce document lui-même reconnaît que l'effusion du sang n'est pas indispensable pour l'expiation. Il parle de sacrifices expiatoires non sanglants (Lév. V, 11-13). Il montre que l'offrande du parfum sert aussi à faire expiation, ainsi que l'offrande en argent apportée par chaque Israélite, lors du dénombrement. Enfin, dans les sacrifices expiatoires, toutes les parties des victimes et tous les actes du sacrifice contribuent à l'expiation ; car ce n'est qu'après l'accomplissement de tous ces actes, qu'il est dit que le prêtre fera ainsi expiation pour les coupables. Le sang des victimes expiatoires ne doit donc être considéré que comme le moyen expiatoire prin-

cipal (1). » Ce qui lui donne cette efficacité, c'est qu'il est
le siège de la vie ou de l'âme, il peut ainsi faire expiation
pour les âmes.

C'est ici le moment de parler d'une théorie greffée sur
celle de l'expiation, et d'après laquelle la victime expiatoire serait immolée à la place du pécheur. Sans doute, à
mesure que le formalisme fit des progrès, l'idée de substitution se glissa dans les sacrifices juifs, si bien que saint
Paul a pu la transporter à Jésus, mais tel ne fut pas
le sens que les auteurs du Code sacerdotal attribuèrent
aux sacrifices. Nous ne saurions mieux faire, pour montrer la fausseté de la théorie de la substitution, que de
citer un passage remarquable du livre de M. Kuenen, sur
la Religion d'Israël. Parlant du texte Levit. XVII, 11, ce
savant ajoute : « Cela signifie-t-il que Jahveh accepte
l'âme de l'animal sacrifié à la place de celui qui sacrifie ?
Cet animal doit-il donc être considéré comme ayant subi
la mort pour lui ? Ou comment devons-nous concevoir
autrement le lien entre l'offrande du sang et l'expiation ?
Plus simple sera l'idée que nous nous en formerons, plus
près nous serons de la vérité. Il faut donc considérer
cela d'après la notion de l'Israélite, que Jahveh dans sa
clémence permet que l'âme de l'animal sacrifié prenne la
place de celle de celui qui sacrifie. Il ne se produit pas
un transfert de la faute sur l'animal sacrifié : le sang de
ce dernier est pur et reste pur, comme cela est évident
par le fait même que ce sang est mis sur l'autel. C'est une
marque de clémence de la part de Jahveh qui l'accepte.
Il l'a donné, avons-nous vu, aux Israélites comme expiation pour leurs âmes. Et on ne peut pas prétendre que

____

(1) Piepenbring, *Théologie de l'Ancien Testament*, p. 278.

l'animal sacrifié subit le châtiment à la place du transgresseur : cela n'est dit nulle part, et ne donne donc, en aucun cas, une idée plus rigoureusement exacte que celle-ci, que l'Israélite doit s'être formée pour lui-même. En outre, c'est inconciliable avec la règle que l'indigent peut apporter la dixième partie d'un épha de fine fleur de farine comme sacrifice de culpabilité (Lév. V, 11-13). Dois-je donner, fait dire Michée à un de ses contemporains :

> Dois-je donner mon premier né pour mon péché,
> Le fruit de mon corps pour le péché de mon âme?

Non, répond le législateur sacerdotal ; vous n'avez pas besoin de faire cela. Jahveh vous permet de manifester le repentir de votre faute d'une autre manière ; il accepte votre sacrifice et spécialement le sang de vos bêtes, comme réparation pour le mal que vous avez fait; il allie le pardon de votre péché à l'emploi de ces moyens de propitiation qu'il a ordonnés. » (1)

A ces remarques, si justes, qu'on nous permette d'en ajouter quelques-unes que nous résumerons sous forme de thèses :

1° Un individu, en tant que membre d'une communauté, peut être puni pour sa race, mais jamais comme substitut.

2° L'imposition des mains, d'où l'on fait sortir ordinairement l'idée de substitution, ne peut se restreindre à la transmission des péchés, elle a un sens plus large, celui de consécration.

(1) Kueuen, *Religion of Israel*, t. II, p. 166.

3⁰ L'expiation se faisant par l'aspersion du sang, l'animal est déjà mort quand cet acte s'accomplit.

4⁰ Le sacrifice de péché n'est valable que pour les fautes commises involontairement ; les autres entraînent la mort du coupable. Dans le premier cas, il s'agit surtout d'une vie mise à la place d'une autre.

5⁰ Si le pécheur communiquait ses péchés à la victime qu'il se propose d'offrir en sacrifice, la chair serait impure, souillée ; or, il n'en est rien, puisqu'une partie est offerte à Jahveh, et que l'autre sert de nourriture aux prêtres.

6⁰ Si la substitution est la notion essentielle, comment, se fait-il que Dieu puisse accepter pour une faute, quelque minime qu'elle soit, une offrande végétale ? Une poignée de farine de froment ou d'orge peut-elle tenir la place du pécheur ?

7⁰ Ce que nous venons de dire s'applique aussi aux offrandes sanglantes, mais de qualité inférieure. Jahveh peut l'accepter comme don, mais non comme compensation de la faute commise.

8⁰ Enfin, la vie d'un animal, de quelque prix que soit celui-ci, peut-elle entrer en ligne de compte avec celle de l'homme ?

Pour toutes ces raisons, la théorie de la substitution nous paraît insoutenable, celle de l'expiation pure et simple nous semble préférable, et nous l'adoptons.

Nous aurions encore à marquer les lacunes du culte israélite, et à montrer les conséquences désastreuses auxquelles il aboutit. Mais elles n'échappent à personne. Une religion légale et formaliste comme le fut celle des Hébreux, engendre nécessairement l'orgueil, la doctrine du mérite des œuvres, du salut par la propre justice. Nous connaissons cela surtout par le pharisaïsme, qui fut aussi un trait caractéristique de la religion d'Israël. Malgré les effort des prophètes. qui avaient exprimé l'espoir d'un salut universel, la tendance exclusive finit par l'emporter, jusqu'au jour où l'Evangile de Jésus, ranimant de son souffle bienfaisant ces tisons éteints, vint apporter au monde la promesse du salut pour tous.

Il nous reste à conclure. Nous le ferons d'une manière très brève, par la citation suivante, tirée de l'étude de M. Wellhausen, résumée dans la Revue des Religions, tome II, pages 38 et 39, citation qui nous paraît parfaitement juste, et résume bien notre travail. « Le culte ancien pourrait se comparer à un arbre dont les rameaux s'étendent dans toutes les directions avec une pleine liberté ; mais cet arbre, taillé dorénavant en une forme correcte, subit l'étreinte d'un cercle de fer qui contraint sa croissance naturelle. L'air que l'on respire dans les parties du Code sacerdotal qui ont trait au culte, n'est pas celui de l'ancien royaume, mais de la communauté du second temple. Ses prescriptions, inconnues des écrivains anciens, sont celles mêmes que l'époque qui suivit l'exil nous montre rigoureusement appliquées. »

Vu :

Le Président de la soutenance,
PHILIPPE BERGER.

Vu et permis d'imprimer :

Le Vice-Recteur de l'Académie de Paris,
GRÉARD,

Vu :

Le Doyen,
F. LICHTENBERGER.

TABLE DES MATIÈRES

9 782019 990794